POÈME
DU TEMPS QUI MEURT

ANDRÉ SUARÈS

POÈME
DU TEMPS QUI MEURT

AVEC

VINGT DESSINS ORIGINAUX

PAR

ANTOINE BOURDELLE

GRAVÉS SUR BOIS PAR
J.-L. PERRICHON

ÉDITIONS CLAUDE AVELINE

Se trouvent au Sans Pareil

Paris, 37, avenue Kléber

MCMXXIX

POÈME
DU TEMPS QUI MEURT

RÊVE, FRÈRE SILENCIEVX DE L'AC-
TION, RÊVE, FIN DE L'ESPACE, VIE
CHASTE ET QVI S'ACHÈVE EN PVRE
LIBERTÉ, RÊVE, AME DE LA LYRE,
RÊVE, CHAMP DV PARDON.

POÈME
DU TEMPS QUI MEURT

Sur les fleuves de la vie
   O torrents, ô torrents,
   Qu'est-ce donc que le temps, mon âme,
Et qu'est-ce que cette funeste toile,
De la brume que tisse le vent?

Dans l'éternel vertige
C'est le néant qui porte l'être en fleur
Sur un rayon sans racine et sans tige,
Le temps qui feint la vie et plus vain que la vie,
Le temps qui meurt, le temps qui meurt, le temps qui fuit.

Voici le fou chantant qui rend toutes les âmes folles.
O peupliers de France, saules de Babylone,
Où l'éternelle mélodie est suspendue :
Le doux délire de l'Avril fait palpiter les cordes ;
La lyre éolienne résonne sous l'haleine éperdue
De ce rêve d'un rêve qui tout refuse et tout accorde,
Le temps qui vient, le temps qui meurt, le temps qui tue.

Jour à l'aube, beau mort qui ressuscites,
Inexorablement, des yeux en pleurs de la nuit triste,
Il te faut à présent vivre toutes les heures,
Doux fiancé de Marguerite,
Jusqu'au linceul héroïque du crépuscule,

Jusqu'à la pourpre augurale du couchant,
Un si vain infini dans un si plein néant,
O torrent des torrents,
Le temps qui meurt, le temps qui ment.

ADORABLE misère,
	Pour la brûlante Psyché qui veille, il est donc un
		âge ?
Il est donc un printemps pour mourir en hiver ?
Il est donc un été pour pourrir en brumaire ?
Et s'il n'est pas de ciel, il est donc des nuages ?

O folie de tout ce qui devient sans rien être.
O fol avenir de ce qui n'est rien et cependant qui cesse :
Protée sans os ni chair,
Vaines coordonnées de la sagesse,
Ombre de la fluide argile de la forme,
Temps solaire, ni aile, ni marée, ni flèche, ni sphère,
Torrent, toujours torrent,
Tremblante pesanteur de la lumière,
C'est toi qui sinon de couler n'as point de corps
Ni gouttes, ni atomes,
Tu mens en toute vérité, grand mime de la mort,
Et de tout ce qui ment, tu es le vrai, la somme.

Le vieux sage qui pleure
Pour ajouter au flot telle rosée humaine,
Pèse la vague vaine
Au sablier de l'heure.

Il sait que tout s'en va et que rien ne demeure :
Nul repos, nul arrêt dans le rêve du rien
Qui prend forme à mirer l'impassible semeur
De la poussière à la poussière,
Le temps qui ment, le temps qui meurt.

COMME un phare de bruit, l'énorme Ville tournante
    Qui siffle dans le tumulte, le grondement et la
        clameur,
Est sur la roue de l'éternel silence,
O potier taciturne, ô potier décevant!
Or le silence nourricier de la campagne
Mesure le soupir infini de la vie,
La respiration du sommeil de la terre,
Le sein gonflé de lait de la proche épouvante,
Qu'oppresse la durée, que rythme le torrent,
Les cendres du cratère.

Le tourbillon de la rumeur fauche toutes les fleurs :
Les jeunes filles courent dans le brouillard de six heures,
Toutes en marche vers un clair front d'homme
Et ce cœur gonflé de désirs qui est l'amour,
Vers ces bras qui se referment sur la proie tendre
Et cette poitrine chaude qui est l'amant,
Qui est l'époux, l'abri trompeur de ce qui dure,
Et ce comble de joie
La fin de toute solitude.

L'homme a tout fait avec l'outil du temps,
Lui, le pauvre jouet de la nature,
Les feuilles et les fruits, les arbres et les champs,
Son cœur et son esprit innocemment parjures,
Les pierres qui parlent d'éternité,
Les temples, la musique et toute la cité :
Car l'homme a tout voulu créer à sa mesure
Et il n'a tout fait que pour le torrent.

Regard, puissant regard de la pensée,
Tu inventes autant que tu détruis, virile !
O sereine, toi qui es née pour sourire,
Mon âme, ô divine offensée,
Qui te sais faire auréole de ton martyre,
Prends charge du destin comme tu en pris conscience ;
Enferme enfin le temps au sablier inépuisable du rêve ;
Ne le laisse pas fuir, éternel incendie :
Accomplis-le et qu'il s'achève,
Au delà de la mort, au delà de la vie,
Dans la double évasion du calme et du pardon qui sourit.

★

JE veux mourir chantant
Une douleur si belle
Que tant de grâce en elle
Et tant

Y soit de lumière éternelle,
Qu'il n'y ait plus de pleurs :
Je veux mourir chantant.

Une douleur si belle
  Qu'elle épuise le mal
Et qu'elle ait le cristal
    Fidèle
De la seule beauté qui dure,
Un sourire éternel
Qui fait fleurir les pleurs.

O Seigneur oiseleur
  Qui ma pauvre âme oiselle
En vos doigts modeleurs
Tenez si fort par l'aile,
Ayez pitié du chant
Qu'en sa peine mortelle
    Du temps,
Votre alouette de douleur
Bien par delà le champ
    Des pleurs,
Lance comme une flèche
    De roses fraîches,
Sire, à la grandeur paternelle,
    A la réelle
Éternité de votre cœur.

PVISSANCE,
PLEIN
MARTYRE,
QVAND
TV T'ÉTIRES
QUITTANT
LE LIT
DE L'OVBLI,
A LA
RENCONTRE
DV JOVR,
C'EST LE CIEL
QVE TV
DÉCHIRES
ET C'EST
DV FOND

DE
TOVTES
DOVLEVRS
QVE
VIENNENT
SOVRDRE
A TON
POVRPRE
ET ROYAL
RÉVEIL
CES
PLEVRS
PROFONDS,
CES
TENDRES
PLEVRS,

DERNIERS NÉS DE L'AMOVR, PREMIERS NÉS DV SOLEIL.

LA tristesse insondable
D'un cœur en proie à la pensée
Fait de notre vie offensée
Une fleur morte sur le sable.

Il a fallu toute la mer
Pour tuer la rose d'ardeur
Et c'est encore son odeur
Qui parfume le soir amer.

Son feu vit toujours sous la cendre ;
Dans sa corolle le soleil
Est toujours ce roi sans sommeil
Qui se meurt de descendre.

★

LA Victime du temps, la mourante des heures,
Celle que chaque instant déshérite du jour
La versant vers le soir, la veuve de l'amour,
La dolente pour qui le soleil est un leurre,

O femme sans espoir, je sais pourquoi tu pleures.
Je sais le deuil silent de la rose flétrie,
Le poids de l'Amour mort sur le sein de Marie,
Le plomb sur ses genoux de toutes les douleurs.

Ces peaux, ces douces peaux, ces tendres peaux de femme,
Ces chaudes chairs en fleurs que le doux sang parcourt,
Ces brûlants liserons, ces lis d'ambre et de flamme
Que parfume la vie à l'éphémère cours,

Cette gerbe de jours qui tient dans un baiser,
Qu'une saison flétrit, qu'un seul désir enivre,
Je sais l'affreux hiver de ton ciel embrasé,
Toi qu'un instant d'amour fait mourir et revivre.

★

O douce nuit d'été
De parfums enivrante,
De parfums enivrée,
Tout entière livrée
Aux lèvres des Bacchantes
Sous la caresse errante
De la lune.

Mer folle de l'été,
Tendres lèvres que presse
La fuyante caresse
Des lèvres du Léthé,
Cet éternel murmure
Est l'éternel baiser
Du cœur inapaisé
Au cœur de la nature.

Fais silence, cruel,
Et vois comme les cieux
Laissent couler leurs yeux
Riants d'étoiles
Sur les lèvres de sel
De la lune
Et des vagues.

★

Joie est douleur, douleur est joie.
Séjour du pur vouloir,
Ciel de l'amour et de toute grandeur,
Et cette union indissoluble des lèvres
De la blessure et du baiser
De la plaie et du cœur,
Seule est réelle.

Larmes, puissance méconnue,
Larmes, puissantes larmes,
Pleurs de joie dans la douleur,
Et pleurs de la douleur qui se fait joie,
Murmure, océan de tous charmes,
Roulez, vagues de l'âme nue.

JE me meurs d'être et meurs de ne pas être.
    Je meurs de n'être pas tout en étant.
    Je me fuis et me perds où mon âme s'étend.
Je me trouve où je fus, d'où j'ai dû disparaître.
            Je me meurs d'être.

Je me meurs d'être en tout ce qui n'est pas.
Le flot vient sur le flot, l'écume est cette barque
Au naufrage fatal sans boussole et sans mâts.
O si du moins le temps au fuseau de la Parque
Était espace enfin nous fixant à nos pas
Sans qu'il fallût toujours naître et renaître
            Pour n'être pas.

            Je me meurs d'être
        En tout ce qui n'est pas
            Et même en moi.

ABSOLUE, absolue est la solitude de l'âme.
    Qu'avons-nous de commun, ô femme?
    Je t'ai parlé et tu trembles.
Est-ce que je tremble si tu me parles?
Je t'ai regardée, et tu as peur : tu ne me reconnais pas,
    et je te regarde.
O femme, femme, tu es ma mère pourtant.

CHANSON
D'HÉRACLITE

VENT
DU DÉSERT
Récitatif

Et tu es devant moi comme une ombre.
J'ai baigné dans ton sang : tu m'as longtemps porté :
    tu m'as nourri de ta substance.
Tu ne sais rien de moi que le mal que je te fais.
Tu es murée en toi et captive éternelle de l'éphémère
    et fragile prison.
Tu me cherches et ne me trouves pas.
C'est que tu ne me cherches qu'en toi-même
Et tu me crois toujours au berceau de ton ventre.
Pauvres humains captifs de cette chair souffrante,
Ce peu de sable impur, la poussière d'un jour.

Où êtes-vous, fidèles? Ils dorment à l'entour.
    Ils n'ont seulement pas la force de veiller
Durant la longue nuit de ma jeune agonie.
Ils sont las : à l'auberge du sommeil, ils appellent l'oubli.
Le corps commande ; la chair tombe et l'esprit cède :
Pourquoi troubler la paix des endormis?

Ô désert, ô solitude, ô total.
    La première fois, le prince de la négation, lui seul,
    est venu me tenir compagnie.
Il m'a parlé, lui seul : il a su quoi me dire.
Lui-même me déserte cette fois.
Je suis seul avec tout l'univers.
Me voici l'oasis condamnée du désert.
Je suis seul avec moi.

★

CE grand goût de la mort qui mouille vos lèvres avides
et qui déjà fane vos langues noires,
Ces ténèbres plus vaines peut-être que le jour, vous les
portez en vous, et c'est en vous qu'elles tournent à
vide.

Or, les pommiers sont en fleurs : aux petits seins de la
vie virginale, l'innombrable fleur de pêcher est éclose.
Les prismes du matin jouent sur la profonde pourriture
de la nuit : l'ombre s'efface devant la gorge amoureuse
et la rose.

Hier, ce fut l'hiver ; et ce sera l'hiver demain.
Et l'automne, cette maladie mortelle, avec tous ses
chancres de champignons, reparaîtra sur le chemin.

Voici l'aube, la rieuse petite fille, à la robe lilas, qui
s'éveille en chantant sur le cadavre de sa mère. Chante,
chante encore, charmante orpheline.
Elle fait fête aux œillets, et les jacinthes de l'agonie ne
lui sont même pas visibles.

Sur les ramures brunes, il a neigé tout un ciel d'étoiles
purpurines, une pluie de tièdes roucoulements, de
tourterelle et de ramiers.

Hier, ce fut l'hiver, et que demain ce doive l'être
  encore !

Silence. Il ne faut rien mêler au miracle de la fleur. Age-
  nouille-toi donc dans la joie retrouvée de cette église.
  Et rêve un peu que tu ne vas pas mourir.

CALME, calme, ô mon âme,
    Toujours plus claire et plus pure et
        plus calme :
    Le calme est la vertu,
    A la vertu la palme.

    Esprit, à quoi sers-tu
Si tu ne fais le calme sur la mer,
    Si tu n'endors l'orage
    D'amour le très amer ?

    O mort, fatal outrage
    Que nous inflige la nature,
  C'est toi qu'enveloppe au linceul
Toujours plus claire et plus calme et plus pure
    Mon âme qui conjure
    La douleur de ce cœur
    Poignardé sur le seuil.

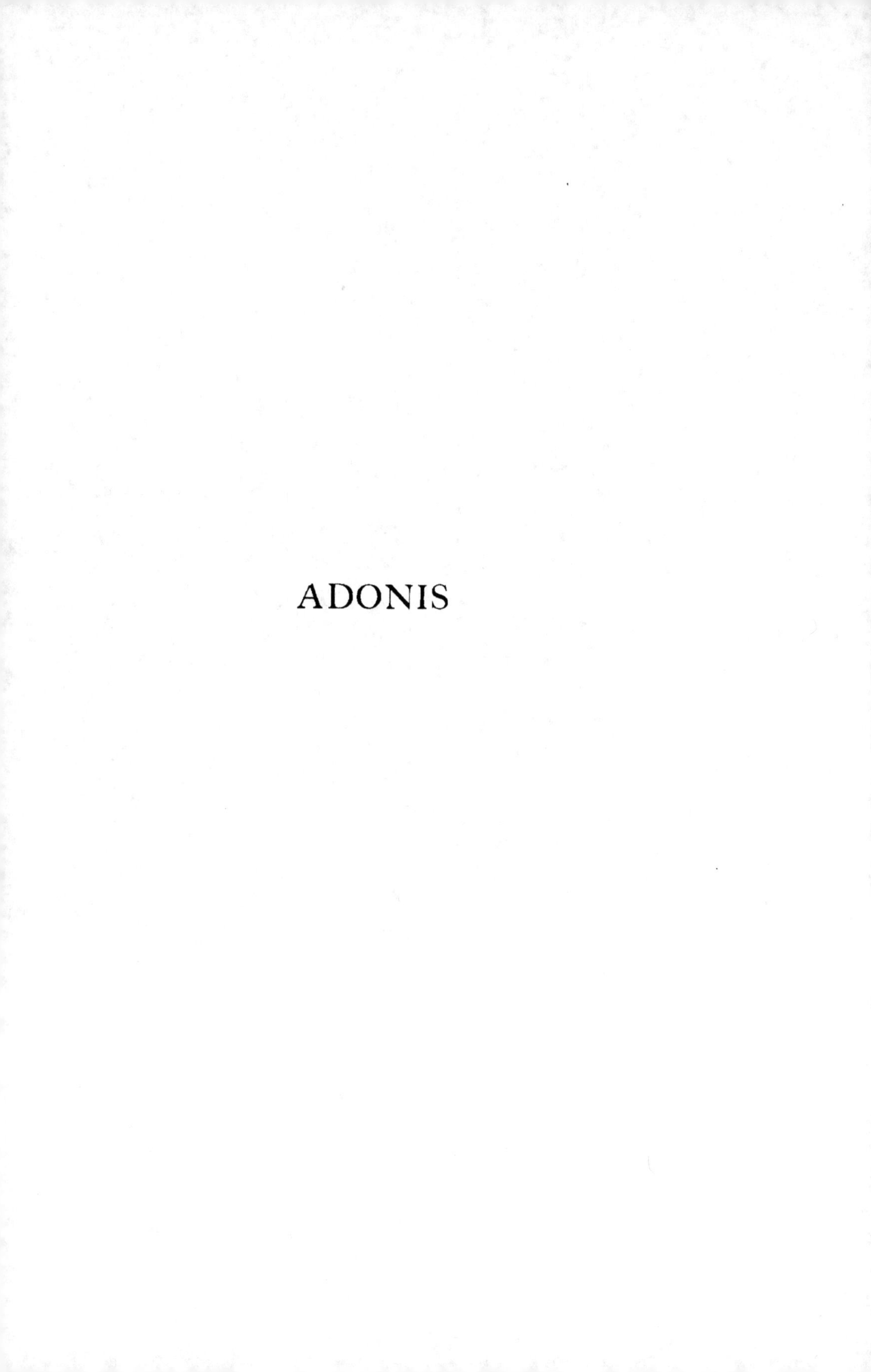

ADONIS

ADONIS

ADONIS

SEIGNEUR, Seigneur, je suis épouvanté.
Chaque jour il me faut renaître : je suis celui
qui doit toujours être.
La vie me possède à ce point que je tremble
nuit et jour d'amour pour la possession, et d'épouvante
pour la perte.
Le couteau du soleil dans le fruit des nuages passe sa
pointe et trouve l'amande de mon cœur.
La coque et l'écorce du passé sont épluchées d'un coup ;
la mémoire est une pelure :
Toujours le sang est là, rayon matinal qui jaillit de
l'ombre nocturne et dure.
Le petit merle qui sort de l'œuf, dans la première mue
où on lui voit pousser les plumes une à une, roides
comme les poils de la très dure prune du platane, ne
frissonne pas plus que je ne frémis de tout mon être,
en cette sphère d'amour.
Vivre, pour moi, c'est toujours naître ; et naître, toujours
créer et recréer la vie, ô nature.
Ainsi, je dois tromper toutes les créatures.
Et toutes, elles crient : « O décevant, ô bien-aimé, qui
nous as toutes déçues, viens nous décevoir encore !
Lord de notre amour, quitte le lit de la nuit d'été, rends-
nous l'amour ! »

HÉLAS, POVRTANT, COMMENT N'AVOIR JAMAIS ÉTÉ?

Seigneur Destin, œil du monde, ne faites pas que je
    vieillisse : où est l'amour qui consent à vieillir?
Je me conjure en vous : Adonis! Adonis! meurs dans ta
    flamme! Je suis un brasier de rêves : je nourris ce feu
    pour qu'il me dévore.
La folie me tient de ne point croire à ces prétendues lois
    du monde ;
Je ne connais ni l'âge ni la fatigue ; je ne veux pas con-
    naître la vieillesse ni la mort :
Autant de monstres sur la route de Thèbes, autant de
    démons que je combats et que j'étrangle, et que je noie
    dans tout le sang que leurs griffes me tirent, que leurs
    morsures me coûtent.
Je demeure entre les portes glaciales de la peste, comme
    un tison unique, droit dans le foyer et qui jamais ne se
    consume.
Je rêve dans le feu comme dans le ventre amoureux de
    ma mère,
Ou comme dans la prime enfance, quand je volais au
    crépuscule par la vieille maison :
Et je ne descendais pas l'escalier, pour courir à la voix si
    tendre de la fée qui m'appelle ;
Mais je glissais dans l'air et sur le rayon bleu, sans appui,
    suspendu, et mon pied ne posait pas sur les marches :
Quelle présence adorable, plus légère et plus tiède qu'une
    aile, me portait alors, je le sais maintenant, et que
    j'étais enivré de jeune amour.

ELLES

O Bien-Aimé, chantent-elles toutes, comme tu
mens !
Mens encore, puisqu'il le faut ; mais du moins
mens pour nous, et toujours en amant.
Adonis, nous ne vivons que de ton mensonge.
Pour nous tu dois revivre, toi qui meurs de nous.
Ton heure est la nuit de la Saint-Jean, la plus courte des
nuits.
Tu n'es qu'un crépuscule brûlant au bord d'une aube
ardente.
Tu es couché, dans les tubéreuses, entre nos bras, et lié
au fil de la lune :
Tu n'es qu'évanoui avec le jet d'eau doux comme l'orange
que lance la gorge de velours du rossignol,
Cette gerbe de mélodie et de liqueur qui palpite ;
Et quand la paupière du ciel devient lilas,
Dans la rosée les roses refleurissent sur leurs tiges et sur
ta bouche.

ADONIS

J ADIS, je passais toute la nuit d'été en me roulant sur
la prairie, parmi les violettes suprêmes et sous la
pluie des roses ;
Ou bien je nageais, cygne d'ardeur, Juin à la recherche
de Léda, dans le lac frais de la lune ;
Ou je montais et descendais dans l'arbre noir, la cascade
même du chant orangé du rossignol :

C'était alors un temps infini, jeunes femmes, le temps de
    la chère absence et de votre doux supplice;
Mais pour moi cet infini était plus bref que la centième
    partie du centième instant qui bat dans les cils du désir,
    au seuil de la vision qui le sollicite.

Et si j'étais l'herbe dans la prairie, ou si la prairie ondu-
    lait dans ma poitrine;
Si le lac lunaire coulait de mes lèvres et de mon flanc, ou
    si j'étais bercé pour jamais dans le filet des sirènes;
Et si j'étais l'onde sonore dans la gorge du suave chan-
    teur brun, ou si le petit Apollon vêtu de plumes avait
    fait son nid entre mes côtes,
Je n'avais pas besoin de le savoir et je ne l'ai pas su;
Mais nous éclations ensemble de cet amour qui enve-
    loppe l'univers et qui, étant tout ce qui est, ne connaît
    en effet que lui.

Ha, ne me troublez pas de vos appels et de vos cris.
Vous savez bien que jamais je ne dors et qu'avec vous je
    suis et je suis :
A présent, je rêve plus chaudement encore, dans une si
    vivante tristesse,
Qu'elle est seulement le miroir de mon ivresse,
Une source de larmes à tous les sourires de la terre et un
    sourire à tous les pleurs.

ELLES

RÉVEILLE-TOI, Amour, toi qui feins de dormir.
    Si nous ne te croyons, à qui pourrons-nous croire ?
        Si tu ne viens à nous, que devenir ?
Où donc est notre vie, si nous n'avons la tienne ?
Et si nous n'espérons en toi, où notre espoir ?

LUI

DANS mon rêve je suis plus moi-même que moi et
        mon propre infini,
    Telle la goutte de lumière dans la libration des
marées à midi.
Le rêve est ma durée, mon rêve est mon espace ;
Je coule en ce qui est ; je suis en ce qui passe.
Suis-je mort de tendresse ou est-ce que je vis ?
Le tremblement me saisit d'on ne sait quelle ivresse :
Ou sublime réveil ou affront de l'abîme ;
Je m'offre et ne crains pas : j'aspire à la forme perdue
D'une totale foi qu'un éternel oubli rédime.
J'attends dans l'harmonie la révélation d'une face qui fait
    peur à la vie et qui comble le cœur.
Je suis l'enivrement de ce profond sourire :
O sourire, printemps renouvelé de l'âme,
Beauté du purgatoire, annonce ailée du paradis,
Primevère du ciel, fraîche pervenche de la flamme,
Tu es béni entre tous les rayons de l'esprit !
C'est toi, sourire, qui sembles toujours ravi du salut que
    tu portes.

JE souris : n'appelez plus ; ne comptez plus les heures
    de la veille et de notre insomnie.
Ne cherchez plus si ces yeux clos vous voient encore.
O femmes, une telle tristesse est miraculeuse.
Vous qui aimez, ne savez-vous donc plus que la douleur
    est bienheureuse
Qui songe en souriant et qu'un rêve fleurit ?
L'inévitable alors est accompli et le destin a trouvé son
    complice.
Je ne dors plus, je ne dors jamais plus.

NE le savais-tu pas, Toi, la plus douloureuse ? Je t'ap-
    pelle pour ne pas t'exaucer ; je t'attends, pour
    ne pas t'accueillir.
Ne pleurez pas, disant : « C'en est fait, il nous quitte. »
J'avais cru que les pleurs, pour vous, ô chères femmes,
    étaient la preuve de la vie,
Et que la réalité forme le lit de ce torrent.
Mais les larmes aussi, je le vois, sont du rêve.
La plus pure et profonde fontaine du paradis
Est celle où la puissance vient oublier son ennui,
Et se désaltérer enfin à la tendresse.
O cœur serein, Seigneur, rêve des rêves et maître de tout
    rêve,
C'est trop d'amour et j'y succombe pour renaître,
Et pour en remourir, je nais et je renais sans cesse.

O DOUCEUR

MON CŒVR D'AMOVR, MON CŒVR
DE FOLLE FEMME, A TROP PLEVRÉ :
O PÈLERIN TROP ALTÉRÉ, BOIS A
MÊME TA FLAMME.

O DOUCEUR

Je sors dans la campagne, et chacun de mes pas fait
trembler la rosée. Tout ce que je touche s'est hier
endormi, comme une jeune fille ayant oublié d'ôter
ses perles : ou surprise par le sommeil, dans sa sueur
nacrée, un jour d'été.

Près de la haie, aux boutons d'épine qui s'ouvrent, je
vois une jeune femme qui sourit sur le pré ; et les
deux primevères de sa chair sont avec elle, l'un des
enfants contre son genou, et l'autre sur sa main
blanche, riant d'appuyer au sein rond sa joue ronde.

Tour à tour, elle les gorge de baisers comme une
pigeonne, bec à bec, nourrit ses petits sans plumes.
Là-bas, le blé vert lance dans le ciel sa balle qui
chante, l'alouette. Et la haie d'aubépines est pleine
d'étoiles fraîches.

Laisse-moi un instant, ô jeune femme, prendre place
à tes côtés en toute douceur. Je ne goûterai pas de
ton miel ; mais laisse-moi chérir l'abeille au travail
dans la fleur sucrée.

La rose de la vigueur, tu la portes sur ta tige souple.

O chère, l'ennui des matins sans sourire et la peine des
soirées sans amour ne t'est point encore restée sur le
cœur.

Je regarde comme au milieu d'un lac tes doux beaux
yeux où l'amour, le simple amour se contemple lui-
même, telle l'eau d'une fontaine avec ses cailloux

bleus. Et je devine que pour toutes prières, tes paupières ont de tendres larmes.

Je chéris en toi la grâce adorable et l'adorable douceur, la double anémone de mai qui pare les jeunes femmes enlacées à leur destin, et de toutes fait une seule gerbe de sœurs vermeilles.

O créature aimante, sois toujours toute amour.

Tu es fraîcheur à l'âme et tu la contentes : ainsi ton lait est toute nourriture pour ton petit enfant, qui te respire, qui te boit, qui te rit.

Et certes, jamais jeune femme n'a aimé les fils de son amour comme toi : tu vois que je te connais. Ainsi pense chacune en sa candeur vivante ; et chacune sait bien que sa maternité est unique. Tel est l'ordre de la puissante nature ; et je confesse sa croyance.

Sur les bras de la jeune mère, ô que toute la chasteté de la jeune fille revive dans l'enfant !

Et que de ce grand réservoir, pas une goutte de vie ne s'égare !

L'enfant, le sage petit enfant, le fruit si grave de la mortelle folie, se bénit lui-même de son rire.

Mais va ! La cloche sainte t'appelle à l'église, comme il est dit.

Laisse-moi baiser sur ton front la main de ton petit.

Les enfants que j'aimais sont morts.

Je ne tiens pas aux enfants de mon sang. Je chéris tous ceux qui me sourient ; et je rends grâce au rire qui me plaît.

★

LES enfants que j'aimais sont morts. Et le temps de la
Bien-Aimée n'est plus pour moi.
Le temps de la Bien-Aimée n'est plus pour toi, dit-elle.
Va, ô douce jeune femme. Ce matin d'avril est fait pour
toi seule, et pour tes pas tranquilles. Entends-tu même
mon murmure? Je ne parle qu'à peine. Ce matin,
tout ruisselle de rosée.

RENCONTRE DES INFINIS

RENCONTRE DES INFINIS

L'AFFREUSE nuit d'hiver réalise la misère vivante :
Et la misère humaine les intègre toutes en conscience : Néant, néant, néant.
Au son du glas par la cloche des brumes, quand les Dios-
cures du froid, Brumaire et Frimaire, se rencontrent,
L'affreuse nuit d'hiver tend son voile de gel entre les
fantômes de la vie :
Elle assassine tout ce qui souffre ; elle dépouille de
l'espoir tout ce qui désire ; elle sépare tout, elle rompt
tous les ponts.
Immobile et de pierre, l'aveugle roide est appuyé contre
les grilles du jardin ravissant,
Le plus beau des jardins, ainsi qu'il fut nommé, parce
qu'il est le jardin des amants.

A travers les barreaux, le parc dans les ténèbres n'en-
voie plus le message des oiseaux et des roses,
Ni le sourire adorable des baisers,
Ni le murmure de cette grande tourterelle, l'été.
L'aveugle baisse la tête, et par les grilles de la brume, il
reçoit le souffle d'une glaciale fumée.
Dans sa niche de brouillard et de pierre, les pieds joints,
les bras collés aux flancs, la sébille au bord de la main,
tel le masque d'une source tarie,
Sans ombre et sans un seul mouvement, momie,

Voué à tant attendre, il ne sait pas ce qu'il attend ;
Sous le chapeau crevé, un double bandeau blanc lui
    entoure le visage, lui serre de près les joues et les
    oreilles,
Et ce cercueil d'homme reste debout, le front baissé.

La brume, le vent gelé, l'heure noire, tout le sépare de
    la ville immense, et des lumières qui flambent
là-bas, là-bas,
Sur l'autre bord de l'avenue, ou l'autre bout de l'Uni-
    vers ? la lumière, là-bas, ou l'autre rive de la vie ?
Nul ne passe pour toi, homme ; nul ne viendra te relever
    de ta faction.
Reste dans ta niche, cadavre, contre les grilles du brouil-
    lard, le front bas.

Voici pourtant s'avancer un homme, qui marche plus
    isolé que tu n'es immobile :
Comme il est tout regard, et d'un front qui toujours
    vole, nul ne diffère plus de toi, ô malheureuse
    cariatide.

Et même il a grand'peur de toi et de toute la nuit.
    En lui-même il fait silence : il s'approche de
l'aveugle, et, sans le moindre bruit, il lui met dans la
    main, non pas un sou ni une pièce, mais une somme ;

Et le Bélisaire aux bandelettes sépulcrales, sur un ton de
complainte, murmure on ne sait quoi :
S'il bénit, que la bénédiction retombe sur sa misère :
celui qui fait l'aumône, ne la reçoit pas.

IL n'a rien donné au mangeur de ténèbres,
Ni pour l'amour du genre humain, ni même pour
l'amour de la vie :
Il ne l'a fait que par la compassion fatale qu'il a de la
fatalité, cette totale nuit.

IL n'a pas rompu son silence ; mais en lui-même il a
chanté : « Tiens, je te le donne par pitié du destin,
et pour lui, ton maître et le mien, mon esclave et le
tien ;
Je ne suis là, ce soir, ni pour bénir ni pour maudire ;
mais seulement pour accomplir.

ME voici donc qui viens du fond du fond des cycles
et des âges ;
Et du fond du fond du fond des cycles et des âges, contre
la grille de la brume et du jardin, te voilà, misérable.

FACE à face, moi et toi, nous sommes confrontés par
les milliards de causes et les milliards de siècles,

CONFRONTE LES ESPACES, CRVELLE INGÉNIOSITÉ, COMPARE CE QVI DVRE A CE QVI PASSE, N'HÉSITE PLVS, POVSSE LA PORTE AVX GONDS DE SANG DV NOIR MYSTÈRE, N'ATTENDS PAS D'ÊTRE EXAVCÉ NI RIEN N'ESPÈRE, ET PRÊTE ALORS L'OREILLE AV RIRE DÉPITÉ DES DIEVX MOQVEVRS

QVI SE VENGENT DE TON AVDACE, ET D'AVOIR ÉTÉ DEVINÉS.

ô monstrueuse, ô fausse, ô vaine charité.
Depuis les tourbillons et les spirales de l'atome, nébu-
leuse infinie de l'éther,
Jusqu'aux premiers frissons de la gelée originelle.
Et les milliards de causes et les milliards de millénaires,
Depuis les tremblements de la cellule au sein aveugle,
comme toi, du plancton,
Nous ont poussés à nous croiser ce soir, un instant à
nous reconnaître, et à passer au delà, mort pour l'autre
chacun aussitôt que de naître :
La chenille épouvantable des temps enchaîne aux espaces
les anneaux de myriades,
Les systèmes innombrables et les innombrables révolu-
tions : les astres ne sont que des atomes et les atomes
sont des astres,
Tant de tourbillons inouïs qui vont jusqu'à l'amour,
Et tant d'amour inscrit dans la matrice du néant,
Tant de morts et de naissances, tant et tant de destins,
De vivants frémissements, de fatalités qui s'engendrent
et qui sortent les unes des autres :

ET puis, moi qui passe et sur le banc de la brume, un
soir, cet homme-là. »

A VÉRONIQUE

A VÉRONIQUE

A la proue sanglante du couchant, qui s'enfonce dans l'horizon, le Divin Visage, que la sueur de sang imprima sur le voile, parlant rend clarté pour clarté.

O Véronique, tu n'as pas dérobé qu'un seul et divin visage à l'homme qui passe. Ne crois pas qu'il fut tout entier dans sa souffrance, que tu pris en pitié.

Chacun de mes regards est un voile où une vie s'imprime et ma vision amoureuse essuie toute douleur et toute passion pour les mieux posséder.

Écoute le témoin de Véronique, ô Véronique.

Sort étrange, rencontre pleine de mystère, qui se renouvelle sans cesse, où je m'offre sans le vouloir, chaque jour, dès l'aurore. Et je me lève la nuit, pour accueillir cet hôte douloureux et désiré, que j'espère, que je crains et j'ignore.

Moi qui ne puis me consoler de rien, il faut que je console les autres.

Ils me demandent un secours que je ne puis jamais me donner, immuable apôtre.

Ils disent trouver en moi l'aide que je n'y trouvai jamais.

Ils me cherchent et je les fuis jusqu'à l'anathème.

Avec moi, il n'est question pour eux que d'eux-mêmes.

Ils m'appellent dans la peine ; et dans ma peine, non seulement je me tais et ne les appelle pas,

J'implorerais leur silence, s'ils avaient l'idée de me parler ; mais ils n'y pensent jamais.
Je n'ai absolument personne à qui parler.

CE que les autres ne peuvent pas pour moi, je le puis
donc pour eux ? et ils veulent que je le puisse, ô
l'étrange mystère !
Ils me croient plus d'amour que je n'en ai.
Ils me sentent capables pour eux de ce qu'ils ne peuvent
pas eux-mêmes. Ils cherchent dans ma vie une pensée,
une doctrine, une sagesse que je n'ai pas.
Mais au fond ils ne cherchent que l'homme, une victime, et je n'ai rien de plus à donner en effet.

CEPENDANT, je ne me donne pas, vain miracle de la
force : c'est eux-mêmes que je leur rends, mais
plus qu'ils ne le sont, plus qu'ils ne l'ont été.
Ils ne voient pas que j'entre en eux par un appétit insatiable de tout être, et de toute âme vivante.
Je les épouse ; je me féconde d'eux et les féconde aussi
pour les restituer ensuite à eux-mêmes, dans une beauté
neuve et dans une plénitude qu'ils n'auraient pas eues.
Et voilà tout ce qu'ils désirent. Voilà le bien que je leur
fais, et le seul bien que l'on peut faire.

IL est grand, s'il les accomplit et les élève ;
Mais il n'est pas celui qu'ils croient : voile qui retiens
toutes les apparences, filet pour elles, tu es aussi ma
prison.

A VÉRONIQUE

Moi-même, je suis pris à ton art, pêcheur d'hommes !
  Tout ce que j'en ai fait est une œuvre d'artiste :
L'art et non la foi, l'amour des êtres et non une doctrine,
Le don de la plénitude et non pas une morale,
Ni celle d'Épicure, ni la chrétienne à genoux, ni debout
  la vaine stoïque ;
Mais toutes ensemble, selon les cas ; et dans le cœur du
  cœur, peut-être, une cruelle possession.

Je me mets en croix pour vivre les quatre horizons.
  Qui sait si je n'entends pas ainsi la Passion divine ?
Ainsi, comme aux rêts du destin, je suis pris à mes arts :
J'aliène mon propre bien au profit de toutes les vies
  rapaces que j'adopte et qui me sollicitent.
Ma passion perverse est punie de la sorte, peut-être :
J'en paie l'excès silencieux, les joies secrètes et les soli-
  taires conquêtes.
Je fais trop croire à l'amour, en n'aimant pas assez :
Car ce n'est pas moi qui aime les autres : c'est eux qui
  s'aiment en moi, une fois que je les y ai saisis et dou-
  cement emprisonnés.

O vil esclave qui m'injuries et qui me lances l'éponge
  de vinaigre,
Que sais-tu si je ne veux pas boire même la lie de ta vie,
  en suçant ton présent, ton injure et ce fiel que tu
  presses sur mes lèvres ?

Ma douceur et mon feu sont moins pour les créatures que pour l'œuvre que j'en caresse, dans ma forge aux jardins de l'Hymette.
Je suis vraiment modeleur d'âmes et de formes sauvées.

Essuie, ô Véronique, la sueur de la vie sur la face tragique du poète :
Mes tragédies sont en action ; intérieure, ma scène ; les volontés sont mes statues et mes poèmes des calices.

O que je suis puni ! Mes yeux jamais ne se ferment. Cette étrange passion me détourne sans cesse des œuvres que la main réalise.
Il m'eût fallu dix vies, cent vies et mille vies !
On meurt en dieu, faute de pouvoir vivre éternellement la vie de tous les hommes.

Défiez-vous de cet homme si doux ; de sa douceur défiez-vous.
D'elle et de lui, lui-même il se défie.

SPHÈRE DU POÈTE

SPHÈRE DU POÈTE

Soit qu'il nomme l'amour ou bien la poésie,
C'est la même ferveur avec le même accent ;
C'est le même parfum aux mêmes fleurs de sang
Que porte l'arbre unique où le rêve est la vie.

O temps, ô vierge espace à jamais innocent
Que d'un trait créateur décrit la fantaisie !
L'amour qui tout embrasse est ta face saisie,
Et le chant ton esprit, tout l'univers pensant.

L'harmonie en suspens après toi seul soupire ;
Tout ordre est fonction de ce sage délire
Qui possède le monde en couvant l'idéal :

Puisque le temps s'apprête à fêter ta venue,
Poète pur et nu, arc-en-ciel triomphal,
Viens donner ton sourire éternel à la nue.

★

Mer libre, ô mer que j'ai tant désirée !
Toi que ton infini peut soustraire aux saisons,
Toi qui peux te suffire en toi-même mirée,

Ton propre ciel tu l'es, espace sans prison,
Et tu ne connais pas l'écrou des lourds nuages,
Les gouttes de l'horloge au puits de la raison ;

ADORE,
ADORE,
C'EST LE
CANTIQVE
DV
MATIN
A L'HEVRE
OV
LE LAZARE
SORT
DV SVAIRE
DE
LA NVIT,
ADORE
LES PLEVRS
PROFONDS

DERNIERS
NÉS DV
SOMMEIL,
DONT
NVL NE
SAVRAIT
DIRE
NI
CE QV'ILS
SONT
NI
QVEL
DÉLIRE
LES
FAIT
ÉCLORE,

SOVS LES DOIGTS DE L'AVRC, ÉCLORE EN LYRE DE SOLEIL.

POÈME DU TEMPS QUI MEURT

Ton flot n'est pas captif à la chaîne de l'âge ;
Telle toujours que si tu n'avais pas été,
Il n'est trace à ton sein de l'infini sillage ;

Lumière, or blanc, pur sel de la virginité,
Vert désir sans hiver, ô mer, printemps qui tonne,
Ni brume ne corrompt ta fraîche éternité,

Ni la limpidité affreuse de l'automne.

SERVE du temps, que tu vives ou que tu meures,
O mon âme d'amour, dans quelle geôle es-tu ?
Et toi, cœur éternel, de quel néant vêtu,
Crois-tu pouvoir quitter ces funestes demeures ?

La belle évasion est le leurre des leurres :
La prison te reprend et ce cachot têtu
Où tu dois retrouver comme un carcan pointu
L'horreur de l'infini dans la chaîne des heures.

Quand tu t'allumerais torche d'or ou flambeau,
La cellule sur toi fait l'ombre du tombeau :
Notre sort est esclave et notre chair est telle.

On ne peut pas sortir de soi ni de ses fers :
C'est la prison du temps, la misère mortelle,
La vie au sein du rêve, ô beau fruit plein de vers.

★

Non, vous ne savez pas le ténébreux délice
De l'âme la plus riche en son dépouillement ;
Le pleur, alors, au bord des yeux qu'il mouille
        ment
Et le frisson du sang qui colle au dur cilice.

La volupté parfaite est au fond du calice,
Quand l'ombre de la mort fait pâlir un amant
Qui succombe absorbé dans le recueillement
D'un suprême bonheur qui confine au supplice.

D'un moment éternel, ardeur, rayon sonore !
De l'espace conquis l'esprit plus rien n'ignore,
Car la conquête en tout, c'est la sérénité.

Le voici, cet atome, en sa divine lie :
Dépris de tout, il tient la folle éternité,
L'instant d'amour qui fixe à tout jamais la vie.

★

LA NUIT ÉBLOUISSANTE...

LA nuit éblouissante de velours mauve cendré de lune,
La nuit d'été ruisselle d'amour et de félicité,
O doux frémissements! en silence, en silence.

La nuit muette chante sa volupté.
Tout gonflé sur l'arbre rose de la lune
La nuit sans pensée est le rossignol qui chante, chante
L'ineffable beauté qui le consume.

La rose du désir naît de la nuit chaude et se balance
Sur les humides yeux, sur les lèvres ravies
Et cherche ce baiser où fond toute la vie
Comme une fraise sur la langue.

L'ineffable beauté qui dévore le cœur autant qu'elle
    l'enchante
Plane sur l'un et l'autre ciel,
La nature et le cœur, la ruche des étoiles et tout le miel,
Et les emplit d'une éternelle mélodie.

Nul sens, ô rossignol, nul sens, ô chanterelle bleue!
L'homme seul donne avec son sang un sens à tout,
Lui seul, l'ardent rêveur, lui seul, le pauvre fou.

La divine nature ne se connaît qu'en lui,
Cet homme, qui lui-même à mesure se nie :
O rossignol, chante, chante pour ce fol!

SANS CESSE JE VOUS VOIS

Sans cesse je vous vois méditante, absorbée,
Et sur votre pensée si doucement penchée
Qu'on vous croirait sentir un œillet de douleurs.
— J'arrose mon amour peut-être de mes pleurs.

Quelle douceur de songe ou quelle chère image
Entend de votre cœur le si tendre langage,
Et sait répondre à son trop suave entretien?
— C'est l'âme que j'étais au cœur qui fut le mien.

Dis pourquoi la douleur, ô tendresse adorée,
Est comme une liqueur dans ta forme dorée
Que rien ne peut troubler et qui brûle à jamais?
— C'est que j'aime toujours et que toujours j'aimais.

Le cœur n'est-il enfin qu'un temple de tristesse,
L'hostie au tabernacle et le sang de la messe,
L'agneau du sacrifice à la mélancolie?
Dis pourtant ce que fut ton amour et ta vie.

— Las, ma vie une éternelle déception,
Et mon amour le Chemin de la Passion :
Je suis femme, Seigneur, et je suis toute femme.

— Va, tu dis vrai ; et de quoi s'étonner, chère âme?
Le rire ou les pleurs, l'amour c'est toujours les larmes.

O TOI

O toi, toi que j'aimai, t'ai-je perdu?
Est-ce toi, Bien-Aimé, qui m'as quittée?
Me voici pleurante et pour jamais,
Pour jamais je ne suis qu'Adieu.
Adieu à tout, adieu donc à toute heure.
Hélas, hélas, c'est sur moi seule que je pleure.

Je suis l'oiseau sanglot
A jamais enfermé dedans mon âme :
O la pauvre hirondelle qui n'ira plus sur l'eau,
O la meurtrie plus qu'une femme.

On m'a coupé le ciel; on m'a coupé les ailes.

Je suis la solitaire abattue contre terre
Qui dans les chaînes rêve de la mer
Et ne piquera plus le blé neigeux des flots.

Puisque vous souriez de ce cruel sourire,
Ah! Bien-Aimé, je vous souris pourtant;
Et puisque enfin mon cœur est déchiré,
Que je meure ou que je vive, c'est pour te suivre
Ou souffrir éternellement.

PSYCHÉ AU JARDIN

PSYCHÉ AU JARDIN

P SYCHÉ un peu folle cueille des fleurs dans son jardin :
     Pour elle, qui est si seule ?
     Ou pour les amies, qu'elle n'a jamais eues ?
Ou pour le doux amant qu'elle attend, qu'elle appelle et
     qui n'est pas venu ?
Ah, que sait-elle ?
Psyché cueille des fleurs dans son jardin, plein d'ailes.

La beauté d'une créature fait qu'on l'adore.
Mais elle n'est pas adorable par les seuls traits qu'on lui
     voit communément :
Elle l'est bien plus par ceux qu'on lui découvre.
C'est la beauté d'un cœur tout à lui qui fait la passion
     d'un amant.
O mon amour, vois comme je suis belle. Rappelle-toi,
     rappelle-toi. Je t'ouvre.

Il murmurait un jour : O mains de la Bien-Aimée,
Chères mains où je me mets, où j'ai l'air de me livrer,
Vous ne savez pas quelles passions sont les miennes :
Vous ne soupçonnez pas ce que j'attends de vous,
Et que ferez-vous de moi, alors que vous me tenez ?
Chères mains, folles servantes, innocentes criminelles.
Il le disait, et déjà ces mains ne touchaient plus que
     l'ombre de lui-même.

POÈME DU TEMPS QUI MEURT

UNE femme belle a bien moins de beauté qu'une
femme charmante.
La Grâce est la beauté chrétienne : la beauté moderne,
si l'on veut.
La Grâce est une promesse du cœur à l'esprit et de l'esprit
au cœur.
La Grâce, dans la chair, est toujours un peu d'âme en
fleur.
Le fruit rassasie : on se lasse du fruit.
On ne se lasse pas de la fleur.

Chère torture de l'amour : être dépossédé de soi.
Il n'est qu'un malheur : être éternellement réduit à soi-
même.
Vivre égoïste est la seule infortune.
On ne vieillit que d'être seul,
C'est d'égoïsme que l'on meurt.

Un homme, qui se renouvelle sans cesse, ne s'en va que
d'accident et jamais de vieillesse.
Mais une femme ? O puisse-t-elle ne pas survivre à son
amour :
Vous, ma chère torture, puissé-je être toujours torturée
de vous et ne m'en pas lasser.

Il faut arriver à ne pas mourir :
En quelque sens qu'on le prenne, c'est le seul bien.
Faire de la vie, servir à la vie, être la vie enfin.
Les hommes meurent presque tous avant trente ans :

Ils ne passent le temps ensuite qu'à traîner un nombre
   toujours croissant de cadavres, jusqu'à ce qu'il les
   accable ;
Et de tous, pour chacun, le sien est le plus pesant.

Injustice de nos cœurs tout charnels, dès qu'ils doutent :
En autrui, ils ne croient à rien qu'à ce qu'eux-mêmes ils
   sentent.
Ainsi se tuent les pauvres amoureuses.

Égoïste comme l'homme, dit la femme.
Absurde comme une femme, dit l'homme.
Méchant comme un homme, répond la femme.
Impossible et impuissant à vivre comme la femme,
   répond l'homme.
Ah, mon amour, fais donc que je vive, soupire Psyché ;
Ne sois pas homme, ni même dieu : ne sois qu'un amant.

MES sœurs des contrées brumeuses,
   Celles du Nord et celles d'Amérique,
Que vous êtes injustes, et que votre froideur acharnée
   vous éloigne de toute beauté.
Vous êtes des machines à vie :
Vous ignorez la passionnante aventure de vivre.
Je vous aimerais mieux hypocrites.

LA ROVTE BLEVE DE L'AILE, SOIS TOVTE ENFIN A LA PENSÉE.

Vous ne savez pas que l'amour est artiste.
Elles se plaignent toujours que l'homme les désire.
Que serait-ce s'il ne les désirait pas ?
C'est alors qu'elles auraient bien lieu de se plaindre.
Quelle dureté, quelle juste dureté pour elles,
Dans l'œil de l'homme sans désir.
C'est le regard qu'il a pour son frère infirme,
Jaloux et de mauvais cœur, sans âme et sans mérite.
Il est faible, il est vain, sans mesure, sans justice, et tou-
 jours querelleur.

Le corps est entre l'âme des amants comme un voile ;
Nous ne saisissons des voiles que pour les déchirer.
Le corps cherche l'âme des amants, qui est ce qu'ils
 convoitent le plus : il les divise ;
Mais il est aussi le divin messager qui les annonce l'un à
 l'autre et qui les porte.
Quelle attente infinie cesse et soupire dans un baiser !

C'EST le cœur qui nous tient.
 C'est l'âme qui nous engage.
La chair prête les grands serments ;
Elle les scelle de notre sang ;
Dans le corps de la femme, elle prend à témoin
Le torrent des siècles qu'elle fixe, pour une heure,
 immortellement.

PSYCHÉ AU JARDIN

Le temps d'un éclair! et ce qui vient de l'éternité,
Le don de la chair l'enregistre pour le temps éternel.
Ah, je suis trop Psyché, sans doute, pour être femme.

Amour, j'ai pour mon corps les sentiments que le désir
    vous donne.
J'aime mon corps, il le faut bien, si vous l'aimez.

Voici le désir,
Le sublime dépôt de la flamme en chaque homme,
A lui remis par la nature ;
Mais en chaque femme, bien plus.
L'entretenir toujours pur ;
Ne jamais souffrir qu'il s'éteigne.
Où est le désir, là est aussi la jeunesse :
La belle jeunesse, le beau désir.
Encore moins à des usages vils le laisser profaner.

En amour, si le cœur n'y est pas,
L'âme est absente et la chair fait semblant.
Tristes amants qui vous prêtez, détestables époux,
L'absent qui a le cœur et l'âme d'une amante, n'a-t-il
    pas presque tout ?
Et fût-il à Pékin, lui seul est la présence.
Sous les baisers haïs, je vois sourire tant de femmes
Qui, les paupières closes, retiennent des caresses adorées.
Psyché aussi a ses voluptés.

Le grand amour, si rare, et voué au désastre
Quand la vie d'un être est tout pour un autre être,
Ah, la présence n'est presque plus nécessaire :
Le cœur est le poète.
Tous les sacrifices viennent de là,
Si simplement, et tous les rêves.
On aime une vie plus que soi-même, cent fois.
Ce n'est pas un corps seulement :
Mais il en est captif pourtant, comme tout ce qu'on tient,
En ce monde, avec tant d'ardeur, avec tant de joie
    tendre,
Et tant de pure innocence, ô mon amant.
Car enfin, tout est pur dans le désir à qui aime.
Tout est offrande et don de soi,
Si tout est rêve, ô mon cruel amant.

ENSEVELISSEMENT

C'EST L'ÉNORME INFINI DE LA MORT
SANS REMISE NI TRÊVE : O LE TRISTE
VOYAGE OV LE PLVS BEAV DES RÊVES
TOVJOVRS DE NVIT NAVFRAGE AV
PORT.

ENSEVELISSEMENT

LE PÈRE

Doucement, je vous prie.
O mon lis fort et grand comme un chêne,
O chêne pur autant qu'un lis!

Doucement et sans bruit.
Comme une femme prend un nouveau-né qui dort
Pour le rendre au berceau et se penche sur lui,
Vous, jeunes gens, ses compagnons et ses amis,
Prenez-le sur vos bras. Tenez pieusement,
Tenez entre vos mains fortes et fraternelles
Ce doux héros si bon, si vrai, si ferme,
Cette fleur d'homme sans défaut,
Plus vaillante et plus blanche que le glaive,
Et parfaite aussitôt qu'épanouie.

Non, pas de femmes ici, pas de chair mortelle :
Elles ne mirent qu'elles dans leurs peines
Et meurent plus aisément qu'elles ne s'oublient.
Que le cœur d'homme seul parle à la vertu d'homme.

Le voilà, ce beau mort à la bouche si bonne
Qui n'eut jamais que l'amour sur les lèvres;
Le voilà donc sans voix, sans regard et sans joie,
Ombre déjà d'une si belle vie.

POÈME DU TEMPS QUI MEURT

Faut-il que je te pleure, ô mon enfant chéri?
Lequel de nous n'est plus sur la tranchée des heures,
De toi qui vas partir ou de moi qui demeure?

C'était mon fils, en vérité, c'était un fils!
Il vivait, et je vis. Il n'est plus et je suis.
Il ne résiste plus, lui qui n'a tenu tête
Qu'au mal seul et qu'à la seule horreur de la bête,
Quand dans l'homme elle montre ses dents de folie.
Il ne résiste plus : la mort est donc un bien,
Puisqu'il l'accepte et puisqu'un tel choix est le sien?

Il n'a jamais été plus beau ni plus docile.
Son grand corps s'abandonne et consent au repos.
Il ne vous offre plus le brancard de ses os,
Ni ses soins, ni son sang, ni sa longue insomnie.

Comme il dort à présent! Voyez comme il sourit.
Jamais la jeune paix n'eut un plus beau sourire :
Rien d'amer ne se mêle à ce miel si facile
Qu'il est toute l'abeille et la ruche à l'entour.

Il a cessé de combattre et de vous défendre;
Mais il n'a pas fini d'aimer : en son cœur tendre
Le dernier battement a battu pour l'amour.

Mon fils, mon fils chéri, est-ce donc que je songe?
Est-ce toi qui me parles? Est-ce moi qui suis sourd?
Et n'ai-je tant vécu que pour l'ombre où je plonge?

ENSEVELISSEMENT

O Mort, tu n'es plus rien que le laurier du rêve,
J'en atteste ce mort à la tête fleurie :
Au matin comme au soir de cette journée brève
Et vaine étrangement qui s'appelle la vie,
La plus belle est toujours la plus tôt accomplie.

Je le sais à présent que je l'ensevelis.
Portez avec douceur ce doux guerrier sans crime
Dans la sainte demeure où il s'est fait son lit :
Il n'a jamais tué ; il n'a jamais haï :
Il n'a fait que du bien et pas une victime.

Silence, ô ma douleur, il faut que tu t'oublies.
Je penche mon front blanc, mon cœur et sa blessure
Sur l'abîme sans nom où chaque homme doit naître
Pour mourir, pour souffrir, pour aimer et connaître.
Je t'appelle, mon fils, je compare et mesure
Tout ce qui est encore à ce qui cesse d'être.

C'est l'amour qui nous lie et l'amour qui délie.
Je tiens ta main, mon fils, et ne te quitte plus.
Désormais, il n'est plus de temps ni de marées,
Plus d'orage sanglant, plus de flux ni reflux ;
Et nos âmes jamais ne seront séparées.

A présent prenez-le : il est enseveli.

EVERSUN

SVRVOLANT LA PLVIE ET L'AVTOMNE,
LE FRONT SANGLANT D'INRI ET SA
ROVGE COVRONNE, L'AMOVREVSE
TOVRTERELLE EN ROVCOVLANT
RIT.

EVERSUN

IL est une hirondelle, Evermore est son nom
Ou Eversun, l'aile de toujours, toujours plus de
lumière !
Elle découd le temps de sa sifflante alène :
Emmène-moi, beauté.

Eversun, elle va d'un pôle à l'autre pôle ;
Telle qu'un rayon blanc elle suit la clarté ;
Elle fait la lumière et ne la perd jamais :
Enlève-moi, beauté.

De la mer de Baffin à l'Erébus du Sud,
Jusqu'aux glaciers sans fin de l'énorme Terror,
Elle joue avec Dieu à tire-d'aile ;
Son cerf-volant est le soleil :
Enlève-moi, ô vol d'aurore, enlève.

EVERSUN n'est jamais orpheline du jour :
Dans la ruche aux rayons elle a toujours son nid ;
Quand elle meurt, elle n'a jamais vu la nuit :
O prends-moi, belle abeille.

Eversun, Everlight, pendule qui palpite
D'une aurore dorée à la vermeille aurore,
Ravissant être libre, cœur de l'espace,
Oiseau beauté, que je sois ta poitrine !

Victorieuse, créature de joie, amie,
Amie de mon âme,
Mon cher désir et ma compagne,
Je te nomme l'Heureuse entre tout ce qui vit ;
Je t'appelle la vraie, la légère et la belle,
Eversun, Eversun, ma divine hirondelle,
Toi qui n'as point de poids
Tu effaces le temps, tu ignores la nuit,
Toi qui peux coudre une aurore éternelle
A l'ombre de ton aile,
Qui fais croire au bonheur et n'étant que lumière
Fais croire à la parfaite vie.

★

Pour ne la plus pleurer
    Je chante ma misère.
O douceur de chanter !

O vie, archet sévère,
Faisceau, comme tu mords
La corde douce amère
De ce cœur plein d'accords !

Mon sang est une mère
Pour le cri musical ;
Un violon de verre,
Mon âme de cristal.

O ma douleur très chère,
Chante pour t'enchanter :
Pour ne plus la pleurer,
Je chante ma misère.

*CADENCE
DE LA
HOULE*

★

POVR BERCER ET BÉNIR CETTE AMÈRE INSOMNIE, NVL ABSOLV DANS L'ABSOLV : LA VIE EST LE FLVX SANS REFLVX :

LE MIRAGE DE SEL QVI DÉSESPÈRE : VNIVERS, O DÉSERT, OASIS, O PENSÉE, RIEN N'EST QVE POVR N'ÊTRE PLVS, PVISQVE SEVLE

TV RESTES, AME DV MONDE, OMBRE D'VN CRI, OMBRE FVNESTE.

ÉPRIS DE TOUT AMOUR

ÉPRIS de tout amour, j'ai chanté la main de l'amant,
   Mais combien plus je chanterai avec ivresse
La chaude vie que cette main explore ingénument
Et le tendre trésor qu'elle caresse.

Plus encor, plus profond, plus suave et plus doux,
C'est la pensée d'amour que j'adore ; c'est vous,
Celle qui anime les doigts dociles et curieux :
Elle seule modèle et seule elle décore :
Car l'amour est artiste et l'art est amoureux.

Avec folie, avec respect, plein de pleurs et de rire,
Opulent d'un silence où retentit et passe
L'accord merveilleux d'une musique infinie,
Je considère les espaces.

Je vois la force d'or qui anime le dieu,
Et le dieu qui se réfléchit lui-même,
Qui se contemple et se sourit :
Tout vient de l'âme et tout retourne à elle.

ÉPRIS DE TOUT AMOUR

★

ANTIENNE

CHANTANT l'amour, j'ai chanté la main de l'amant :
C'est la main de l'artiste que je voulais dire :
Dans la sphère du feu, l'art est le firmament :
Aux doigts tout est baiser, à l'âme tout est lyre.

Il ne s'agit toujours que du bel Apollon :
L'amour est un poète en son plus pur délire ;
Il mène les neuf sœurs, et ce cortège blond
Enivré de soleil figure l'art lui-même :

Frappant les cieux du rythme et les temps du talon,
Il conduit le désir jusqu'à sa fin suprême :
L'art ne cherche que Dieu dont l'amour est l'emblème ;

Muses et voluptés ne forment qu'un seul chœur :
La vertu la plus haute est la vertu qui aime,
Et toute la beauté n'est qu'un reflet du cœur.

LA COMPAGNE

BEAVTÉ, NE ME QVITTEZ PAS QVE JE
NE VOVS QVITTE : NOVS IRONS EN-
SEMBLE AV LIEV HAVT DE LA MVSI-
QVE, OV TOVT EST FLEVR QVE LE
CHANT PVR HABITE.

LA COMPAGNE

FAMILIÈRE et sacrée, simple et bonne comme l'eau
            sur sa pente,
        Voyez-la venir dans sa douceur solennelle,
Celle qui sait tout de l'homme et mieux que ne l'a su sa
        mère,
Celle qui a surpris les cris de son éternité,
Ses moindres murmures et ses plus profonds soupirs,
Celle qui voit l'amant dans la douce mort de l'amour :
Elle est la femme, la chair jumelle et la compagne.

De l'homme elle peut tout connaître, dans son exil et
            dans son âme,
Pour le blasphémer autant que pour le bénir :
Elle sera pour lui l'œuf sifflant des calomnies qui dardent
Ou le palmier fécond chargé de palmes,
Le frais jet d'eau végétal qui lance vers le ciel
L'offrande de la source et le miel de la datte.
La compagne s'avance au côté chaud de l'homme,
Contre son flanc, contre sa hanche et le long de son
            cœur,
Ombre attentive et confidente, inexorablement fidèle;
Ou bien elle marche à sa rencontre, en merveilleux
        présent.

Il la salue avec tendresse et lui baise les yeux :
Tu es celle, dit-il, qui partages le pain de la vie et le
        romps avec moi;

Tu es la nudité d'amour et le linceul;
Tu as vêtu ma jeunesse de tes bras et de tes lèvres vives;
Et le jour venu de l'homme à la mer, c'est toi qui me coudras
Muet, muette, en pleurs et sans baisers, dans l'éternelle chemise :
Quoi qu'il arrive, tu es la première et la seule.

Tout amoureuse qu'elle soit, elle sait aussi ne pas l'être :
O cœur de femme, grand serviteur qui s'oublie;
Sans parole et sans geste indiscret, elle épouse l'esprit.
Elle n'a pas besoin de le comprendre : elle lui fait le nid,
Et l'y invite, et l'y attend, et la fontaine de son cœur l'y appelle;
Elle prépare le délassement et couve le repos;
Elle est le doux sommeil et la douce insomnie.

On la nomme l'amie, et du mâle et du blé elle est certes la mie :
Elle est le pain de l'homme et le sel de sa vie;
Bien plus que l'amante et la mère, elle est aussi l'une et l'autre;
Elle est le seul miroir où l'homme s'aime :
Il n'y a rien de meilleur qu'elle.
La plus âpre douleur qu'elle lui donne
Est l'idée qu'elle a vécu sans joie et que, vivant pour lui, elle s'immole.

Mais quoi? et qu'est-ce qu'une belle vie sans immo-
    lation?
Au sommet de la puissance, l'abdication;
Le sacrifice de soi au plus haut de la plénitude :
L'horreur du sacrifice inutile n'est pas si juste que le
    vide d'une vie qui se contente :
On ne s'accomplit que pour avoir l'occasion d'un beau
    renoncement.

LA vraie compagne est la femme qui s'aime,
    Et qui parfois oublie de s'aimer en aimant.
On la désespère, on la fait pleurer :
Elle résiste à cette solitude puissante,
Au désert brûlant où son homme enfant l'enferme ;
Elle halète, elle perd souffle à le suivre :
Sa folie d'homme, et de toujours quitter le monde,
Cette impatience de tout ce qui l'entoure,
Cette fureur de se renouveler, de rejeter tout ce qu'il
    tient, de ne tenir à rien qu'à ce qu'il n'a pas encore,
Cette ascension perpétuelle d'œuvre en œuvre, comme
    de crime en crime,
Donne la nausée de l'abîme à la compagne et le vertige :
Pour elle-même aussi, elle voudrait bien vivre,
Pour un enfant, un doux enfant, plein de baisers et plein
    de rires,
Pour jouir du temps qui vole et des moindres plaisirs,
Pour rien enfin, suprême délassement.
Mais il est là, l'homme qui rêve, le cher ennemi :
Sans le vouloir, il la force à ne vivre que pour lui

C'EST
EN VAIN
QVE LE JOVR
BAISE
LA NVIT
AVX LÈVRES,
C'EST
EN VAIN
QVE MON AME
ÉPRISE
D'ÊTRE
HEVREVSE,
SE
CHERCHANT
DANS
L'AMOVR

SE TROVVE
DANS LES
PLEVRS,
TROP
CRVELLE
BEAVTÉ,
SIRÈNE
DOVLOV-
REVSE,
TV T'ES
PRISE
AVX
FILETS
DE TES
BRVLANTES
ROSES,

DOVX ORGVEIL DE LA CHAIR, O BVISSON DE DOVLEVRS.

Qui ne vit que pour son œuvre, pour l'avide sirène
Qui n'est même pas lui, étant bien plus que lui-même.

Bonté de femme, sagesse si souvent désolée,
Regard très pur jusque dans la révolte et dans la
peine,
Zèle ardent qui chante encore dans la douleur qui
désespère,
Tendresse sans mesure, tendresse si fidèle,
Que ferions-nous sans toi? que ferions-nous sans elle?
Même si je peux tout obtenir de moi,
Homme, je n'obtiens pas de m'aimer :
Je n'aime que la vie, cette superbe iniquité
Qui marche droit en foulant tout sous elle;
Et plus elle s'élève vers le ciel, moins elle prend garde
aux victimes qu'elle fait.
Dans la victime la plus choisie, la compagne est le témoin
Dont la présence est l'éternel serment,
Et qui jamais ne charge l'homme vivant,
Ce divin criminel, de si beaux crimes.

Elle pardonne plus vite qu'elle n'oublie.
Plus il est homme, plus il meurtrit la chère femme ;
Toute déchirée de ses propres blessures, elle panse son
grand blessé et le guérit ;
Elle berce l'illusion malade ;
Elle la renouvelle à la source souffrante, parce qu'elle la
partage avec candeur et qu'elle ne doute pas :
O compagne, ô innocence et grandeur de femme,

LA COMPAGNE

Il n'est pas d'œuvre vraiment grande sans toi.

Souvent, les amis de l'homme n'aiment pas sa compagne ;
Ils sont injustes pour elle, comme des femmes :
Elle porte ses péchés d'orgueil et paie pour lui ;
On tire rançon d'elle, lâchement, selon la loi du monde ;
On lui fait expier ce qu'on n'ose exiger de lui ;
C'est à lui qu'on en veut et l'on s'en prend à elle.

Combien elle a pleuré, elle si gaie et si joyeuse !
Et parfois elle a cru n'avoir plus que des pleurs
Sur les rosiers du rire, et de la joie plus que ces baies
    d'automne :
Mais il veut qu'elle retrouve ses roses ;
Car il adore son sourire, il adore les perles
Que le cœur dépêche en tourterelles sur les lèvres ;
Et dans sa cruauté, il réclame le rire même aux pleurs.

Cependant, que le dur fardeau ne blasphème pas les chastes
    épaules qui l'ont chargé et le soutiennent.
La compagne n'est pas la victime parfaite ;
Comme toute innocence, elle est victorieuse :
Elle a les félicités de sa peine, et sa beauté merveilleuse.
Nulle femme ne reste jeune comme elle ;
Pas une n'est plus pure, quoi qu'elle fasse :
Elle est toujours la jeune mère au premier lait
Qu'elle donne si tendrement au premier-né ;
Et c'est toujours de son amour que l'homme vient de
    naître.

Malade, elle m'a dit, et sa voix tremblait d'une tristesse
    et d'une bonté sans bornes :
« Je ne te suis plus nécessaire, ami chéri.
Tu n'as plus besoin de moi : je ne tiens plus à moi-même ;
O mon amant, mon amour pèse sur ta vie ;
Tu n'es pas fait pour une femme, qui s'est faite à toi seul
    et pour toi.
Nous sommes le foyer et vous êtes la flamme.
J'attendais le bonheur et ne le donne pas;
Je ne suis plus que ton souci : Ha! laisse-moi mourir!
    il vaut bien mieux que je m'en aille. »

Nécessaire, tu l'es, ô ma femme chérie :
Tu l'es à ma douleur, et tu l'es à ma joie.
De tout notre passé il n'est pas un instant que le présent
    ne multiplie.
O compagne de ma vie, moitié de tout et du mal même
    que je te puis faire.
Quel bien aurai-je si je ne t'ai pas?
Au moment où tu l'abdiques et tu en doutes, tu m'es
    plus nécessaire que la vie.

Elle sourit en pleurant, et son rire est tout d'or
Sur ses dents éblouissantes, qui sont la gaîté même et la
    haie fleurie du rire.

O ma chair, ô mon nid, toi ma sécurité, ô vraie femme,
    Pensée du cœur, zèle à servir, offrande toute bonne,
Même quand ton amour rêve jalousement de possession,

LA COMPAGNE

L'oubli de soi l'anime et la parfaite aumône :
Tu veux bien me tenir tout entier, mais c'est que tout
    entière tu te donnes.
Et que demande-t-elle pour sa récompense ?
La joie de l'homme, son ivresse et son baiser.

Voici la femme, la servante du Seigneur : *Ecce ancilla
    Domini,*
Celle qui règne sur la terre pour que le royaume des
    cieux soit à lui. Sois bénie.

LAO TSE EN PÈLERIN

LAO TSE EN PÈLERIN

A pas certains et lents, j'entre dans cette ville im-
    mense,
  Que la peste décime après la sédition,
Et qui a fait défection à la Majesté Impériale.
Je ne puis me tenir de rire,
Voyant combien les rebelles se sont déchirés les uns les
    autres,
Et quelle puissance d'anéantissement
Recèlent pour eux-mêmes les démons de la rébellion et
    de la dissonance sociale.
Je m'appuie sur le bâton de l'éternel pèlerin :
C'est l'arbre de la science, sans rameaux et sans feuilles,
Qui me tient lieu de canne :
Je l'ai écorcé de ma main.
Et je réchauffe au nid des doigts la pêche,
Qui ne mûrit que tous les trois mille ans,
Bien pleine, et fermée sur elle-même,
Comme le double Taï Ki, où le sexe parfait est inclus.

A pas très lents, je vais où je dois,
  Et je m'avance au milieu de vous,
Qui vous hâtez, et que la mort presse.
Et je me tords de rire :
Mes omoplates frémissent avec douceur sous ma robe
    de soie ;

Et si vous me regardiez, qui chemine humblement
Et m'éloigne en vous tournant le dos,
Vous verriez rire l'étoffe.
O hommes, qui avez toujours l'air d'être en fuite,
Je n'ai pas besoin du tonnerre ni de votre culte
Pour être un dieu : je n'ai qu'à rire ;
Et vous-mêmes aussitôt m'avez reconnu.
Par ce rire divin qui vous effraie,
Sans gardes, sans bourreaux, sans tambours ni violence,
Je me fais passage à travers le gâteau des fourmis.

UNE rue est belle à voir, où la peste a sévi,
    Dans une énorme ville.
Une ville est belle à voir, où la peste a fauché les rues,
Dans une province énorme.
Une province est curieuse à parcourir,
Quand on va, d'un pas fatal et lent,
Et que la peste fait ses meules de morts
Avec les villes, dans l'énorme Chine.
Je suis le rire infini du dôme sous le crâne en ballon de
    la méditation.
Je ris à l'abri de mes sourcils, pareils à des auvents sous
    la neige.
Et la boule du monde s'est logée dans mon crâne rond.
Parce que j'ai le bâillement de la bouche inextinguible
Dans cette rue centrale de la fourmilière,
Ne me prenez pas pour Pou Taï, le bouffon céleste.
Je n'ai que faire de jouir en ivrogne

Ou d'emplir l'outre où je me couche et de lui gratter le
   nombril :
Pour être un dieu, j'ai fait le vide.

CES montagnes de cadavres et de suppliciés
   Me font rire de dégoût et de pitié :
Car ma pitié sait rire :
Elle voit au delà des objets qui la touchent,
Et pas un ne la borne.
Tous ces morts ne valent pas une nuit chaude sur la vaste
   terre,
Quand le bouc de l'été lèche la nature aux naseaux et
   sous les pis.
Tous vos morts ne valent pas une des larmes qu'ils coû-
   tent :
Leur sang ne coule déjà plus ;
Il est déjà solide comme un filin bien goudronné.
Ils ont rempli le pays de victimes qu'il ne faut pas pleu-
   rer, puisque, avant cent ans, pas un seul ne sera plus là
   de ceux qui pleurent ;
Et dans quelques saisons, les plus sensibles auront déjà
   tout oublié.
La vanité des pestes et des révolutions est la plus vaine
   de toutes.
La terre s'engraisse des morts ; les villes se purifient ;
Les femmes se délivrent et les héritiers se réjouissent.

COMME

AV

DÉSIR

MIROIR

APHRODITE

ÉCLATANTE

SE

BAIGNE,

ET

L'IMMENSE

INCENDIE

NE

BRVLE

PAS

SA

VEINE,

C'EST

LE TIGRE

D'OR

NOIR

A LA TÊTE

DE FEV

QVI SVR

LE

TROVPEAV

GRIS

SOVVERAI-

NEMENT

RÈGNE :

NE CROIS

PAS

L'APAISER,

DOVX SOVRIRE DES DIEVX AMOVR, IL TE DÉDAIGNE.

Mon cœur vous semble vide,
   Comme la noix rongée sans faute, depuis mille hivers,
Par l'ermite ver, au dedans. Et le ver même n'est plus le petit sac de corruption,
Que vous mangez dans les jours de famine.
Parce que je ris dans ma barbe longue, en queue noire de vache,
Il ne vous est pas permis de croire que je raille.
Je marche sur les bubons et dans les chancres.
La peste a marqué chaque homme aux aisselles et chaque maison.
L'odeur du sang jaune couvre celle de l'urine séculaire, du trésor fécal et des cheveux.
Parce que je ris, je ne me moque pas des sorciers et des nécromants.

Je ne tourne pas en dérision les géomanciens du Feng Tchoui ni le livre des funérailles.
Je ne disperse pas, de mon éclat muet,
La vertu des pétards prescrits et des amorces liturgiques.
Je ne me gausse pas des fourmis, non plus que des abeilles :
Je respecte la ruche.
Que seraient les hommes sans les coutumes ?
Et moins les rites, ils ne sont que des animaux grossiers et sans fourrure.
J'ai le rire de la région supérieure : le rire du ciel,
C'est les étoiles qui montrent les dents à vos carnages

Et qui vous semblent si cruelles.
La vue des morts et des agonisants ne me paraît pas plus
    comique,
Sur cette voie funèbre que parent toutes les fleurs du
    printemps,
Que la rencontre des jeunes époux, fêtant la naissance
    de leur premier-né,
Ou des jeunes gens unis par la cigale des fiançailles.
Mais si j'avais mon fils, tué d'une flèche, sur mes genoux,
Par le mandarin supérieur de l'Ouest,
Au retour d'une partie de chasse,
Il me faudrait rire de même inextinguiblement,
M'en allant à pas lents, très lents,
De cette ville en une autre ville :
Au-dessus de tout ce qui passe, je ris immortellement.

AMITIÉ, RÊVE DE L'AMOUR

SOIR PVR DE L'HARMONIE, HEVRE LA
PLVS HEVREVSE, OV PLEIN D'HYMNES
FRÉMIT LE PRINTEMPS DE L'ESPRIT,
PVISSANT SOVCI DV CHANT, PEINE
MYSTÉRIEVSE.

AMITIÉ, RÊVE DE L'AMOUR

Lord de mon amour, Amour mon Sire,
    Ami de mon cœur, frère choisi de l'âme,
    Esprit chéri de l'esprit,
Vous êtes le bien sans mal et la beauté sans laideur
Que mon éternel désir recherche.
Il n'y a point de péché dans le choix de l'amitié;
Point d'intérêt chétif ni d'amère bassesse.
Point de soupçon surtout.
Ici tout est foi, sûreté et merveilleuse connaissance.
Et tout est renaissance, à chaque instant de la vie :
Car l'esprit est toujours là.
Une passion qui dure,
Et qui s'accroît de tout ce qu'elle donne,
C'est la sainte amitié, la très mâle et la très belle.
L'intelligence l'a faite; et tout en elle,
Jusqu'à ses bonds les plus ardents, cherche l'intelligence.
Il n'est point d'amitié virile,
Je l'ai vu, si dans les amis la pensée ne mesure le progrès
    du cœur
Et ne se fait toujours plus forte et plus exquise.
Des deux amis, toujours,
L'un est le plus poète et l'autre plus l'acteur :
L'un celui qui chante, l'autre celui qui écoute.
Mais certes la joie de l'écouteur passionné
Égale le bonheur de la voix qui chante.

ON ne peut être plus ami que vous, Seigneur.
      Je suis femme, hélas, je suis femme, je le sais.
Et je vous aime trop pour être votre amie.
Mais l'amitié est là, horizon désiré :
L'amitié, l'amitié, ah, combien je l'envie !

Vous cherchez l'amitié en toute tendresse,
Comme l'amant dans les baisers cherche le cœur de sa
      maîtresse :
N'est-ce donc pas votre cœur que je quêtais en vous, ô
      mon amant ?

LA douceur de l'amour n'est pas ce que l'on pense :
      Où est-elle pourtant, quand cesse le baiser ?
Celle qui n'aime plus ne se croit pas aimée ;
Celle qui aime trop ne croit pas assez l'être.
Dans la femme, hélas, où donc est l'amitié ?

★

LA main de l'amant est un monde amoureux.
      La main de l'amant modèle.
La main de l'amant a des yeux : elle voit ce qu'elle aime,
Et l'âme, au bout des doigts, le voit par elle.

La main de l'amant est une bouche amoureuse
Qui sculpte d'un souffle et pétrit en frôlant ;

La main de l'amant est toutes lèvres,
Elle mordille la Bien-Aimée en la caressant.

La main de l'amant est un gant de cinq petites langues,
Toutes chaudes, toutes vives, et qui font un sillon de
    désir tremblant,
Sur ce doux corps qu'elles parcourent.

Dans la main de l'amant il est comme une oreille
Qui entend toute la vie secrète de la Très Chère,
Le frisson de son sein et son cœur et son sang.

Elle sait, cette main, elle voit, elle sent;
Elle tient, elle prend et fait signe au vertige ;
L'âme vacille enivrée, quand la main de l'amant
Cueille la fleur d'amour brûlante sur la tige,
La main si douce de l'amant.

Faut-il tout perdre, ô pauvre femme que je suis?
    Ride à ride, faut-il voir la rose se flétrir
Sur la tige des jours arides,
Et se faner la fleur unique,
La fraîche rose de la jeunesse
Jusques en sa racine de désir?
Mon cœur, faut-il tout perdre et se survivre ainsi?

INEFFABLE
DOVCEVR
DV
FEV MÉ-
LANCOLIQVE,
O MA
BRVLANTE
SŒVR,
QVE L'AMOVR
EST
TRAGIQVE!
SVR LA TERRE
LE CIEL
SA PAVPIÈRE
MEVRTRIE
A BAISSÉE,

LE DOVX CRI!
LE LILAS
DES
COLCHIQVES
DE SILENCE
A VOILÉ
ET D'VNE
SOMBRE
ARDEVR
LES TISONS
NOSTAL-
GIQVES,
TANT DE
CENDRES
D'EFFORTS,
ET

DE RÊVES ENFVIS, OV BRVLE A TOVT JAMAIS LE SECRET DE LA VIE.

Amour, puisque tu n'as jamais pitié des femmes,
Amour, puisque tu ne nous sauves pas,
Que veux-tu donc de nous, ô cruel qui tourmentes
En chaque battement le cœur lourd des amantes,
Et qui suit la pauvre âme pour la tuer pas à pas?

Dis, quel espoir nous laisses-tu dans la tourmente?
Que fais-tu de la nef amoureuse en détresse?
Que reste-t-il de nos baisers à nos lèvres déçues?
Pour la pauvre âme ardente, altérée de caresses,
N'est-il plus rien de vivant sous les cendres
Que le feu dévorant qu'elle couve si tendre,
Toutes les larmes redoutées,
Toutes les peines trop goûtées,
Celles que j'ignorais et celles que j'ai sues,
Et celles de la mortelle attente?

PIETA

PIETA

LE CENTURION

FEMMES, il n'est plus sur la croix, votre Jésus.
Il est mort et sans voix. A présent, il est bien à
vous,
La guerre vous le rend, et vous pouvez le prendre.
Il est encore chaud, le feu n'est pas éteint sur ses lèvres
de cendre;
Sa tête est encore souple sur son cou. Mais hâtez-vous,
Si vous voulez qu'il ne résiste pas à vos mains tendres.

MARIE DOULEUR

Il faut ici que je me traîne jusqu'au bout.
Il faut ouvrir les yeux sur mon supplice; il faut que j'aille
Dans la mort de la mort, que j'y rampe à genoux,
Dans mon sang, dans mon cœur, marchant sur mes
entrailles.

LE CENTURION

Il n'est plus sur la croix de la vie, votre fou.
Il ne fait plus la guerre au mal, en esclave,
Serf de l'amour, serf innocent de l'humaine vertu.

MARIE DOULEUR

Hélas, tout étoilé de sang, tout déchiré de coups, tout
maculé de boue.

Amys, ô mon ami, donnez-le-moi que je le lave.

LE CENTURION

Toi, qu'elle implore en tendant les bras, qui es-tu ?

AMYS

Son ami qui l'adore, le reste de son cœur, le reflet de son
    âme.

LE CENTURION

Pleurez donc, pauvres gens, vous qui voyez avec des
    yeux de femmes.

> *Il s'en va.*
> *Le soir vient peu à peu.*

MARIE DOULEUR

O mon ami, rendez-le-moi que je le lave.

AMYS

Voici cette ombre lourde, lourde à tuer la pensée :
Un fils mort dans les bras de sa mère, et toute la nature
    est offensée.
Un homme qui n'est plus, un monde de beauté, d'espoir
    et de douleur.
Au fardeau de la vie tout le poids du cadavre
S'ajoute éternellement, et tout le firmament des pleurs.
J'ai arraché ses fers, j'ai coupé ses entraves.

PIETA

Mère, restez assise sur le roc. Prends ton fils sur ton sein.
Soutiens-le. Qu'il est grand, couché sur tes genoux,
Celui qui fut jadis entre tes bras si frêle !

MARIE DOULEUR

C'est moi, hélas, c'est moi qu'on appelle l'Amère ;
Et voici mon fils mort, et me voici sa mère.

> *L'autre Marie s'avance.*

MARIE DOUCEUR

O ma mère, que je sois votre fille ! Je compte aussi.
Laissez-moi l'approcher comme une sœur :
La jeune fille qui l'aimait, qu'il eût aimée peut-être,
Et qu'il n'a point connue ou n'a daigné connaître,
Je suis celle-là, je suis la fiancée déçue, je suis Marie
  Douceur.

AMYS

La mère douloureuse n'a plus ni regards, ni voix.
Chacune des deux femmes ne parle que pour elle seule
Et qu'à Lui seul, le trésor dérobé de chacune, en son
  linceul.
Comme la chair, elles sont sourdes à tout le reste.
Elles sont dans la mort, et la mort perce en tous leurs
  mots, en tous leurs gestes.
Mais moi, je suis l'ami : je souffre avec chacune et pense
  à tous les trois.
Mon Jésus, mon hôte divin, je ne pleure que toi.

MARIE DOULEUR

Mon fils, mon pauvre amour, mon pauvre amour, mon
    fils !
Mon fils, mon fils, mon fils ! dire que ce nom, le plus
    doux, le plus pur, le plus jeune dont un être se nomme,
N'est plus qu'un glas perpétuel que mon cœur sonne !
Tout ce que j'aime en moi, tout ce que j'y aimais,
Tout ce qui me fut cher, et que je n'y trouverai plus
    jamais,
Mon printemps, mon été, fleur de mes jours avec le
    fruit,
Ma jeune passion, toute ma foi et ma suprême envie,
Toute ma pureté, mon seul bonheur,
Ma force, ma seule joie, mon seul honneur,
Ma bénédiction dans cette vie maudite,
Mon fils, mon fils, mon fils !
Ma misère à présent, chaque fois que je la nomme !
Un dieu pour tous, pour moi un enfant et un homme.

AMYS

La douleur de la mère a l'infini des flots :
Il n'est jamais de terme à ces mornes sanglots,
Où l'horreur de savoir se verse et se reverse.
Un reproche éternel, un éternel regret les berce ;
Rien n'endort ces marées à l'entour d'un tombeau :
Rien n'apaise le cœur qu'elles transpercent
Et qui se redéchire en ses vivants lambeaux.

PIETA

MARIE DOULEUR

Si vous saviez, ce corps, tout ce qu'il est pour nous, les
    femmes,
Et nous, les mères, femmes deux fois par les entrailles!
Amour permis, amour béni, notre chair sans péché :
Douce chair de mon fils, c'est ce corps qui est l'âme,
Et ton âme est ta chair à ma chair attachée.
Réseau de mes baisers, un sourire et un vœu en chaque
    maille !
Et tant d'espoirs désespérés, tant de rêves cherchés
Qui sont toute notre vie à nous, tristes femmes :
Il ne nous reste rien, après les premières semailles,
Qu'une fleur seule, un fils, sur l'arbre desséché.
O laissez-moi son corps, que je le baise et je le garde !
Ensevelissez-le au fond de moi : O, qu'il me tarde
De me fermer sur lui, lèvres de la blessure !
De toute cette nuit, où nous sommes plongés,
Que sais-je en vérité ou de quoi suis-je sûre
Si je ne le tiens plus, si je ne le regarde ?

AMYS

Le soleil de l'amour dans les cœurs affligés
A des couchants mortels dont l'ombre est plus hagarde
Que l'énorme ténèbre où roulent conjugués
Le songe de la vie avec l'énigme obscure
Du destin qui régit la fatale nature.

MARIE DOULEUR

Bras qui m'ont embrassée,
O mains qui m'ont pressée,
Bras de mon fils, mains de mon fils !

Doux regards, doux essaims
Des caresses passées,
O regards de mon fils, caresses de mon fils !

Très chères dents qui se sont essayées
A mordre sur mes seins,
Dents de mon fils, ô lèvres de mon fils !

Voilà donc ce qui reste à la mère meurtrie,
Le souvenir d'avoir perdu cent fois la vie
Et de n'être plus rien qu'un long gémissement,
Une morte, témoin de son ensevelissement.

AMYS

O déchirée, ô maternelle, ô douloureuse,
Toi qui fus l'allégresse et qui es la pleureuse,
Embrasse-le, ce fils ; épuise-toi de pleurs,
Puisque tu ne pourras jamais épuiser ta douleur.

MARIE DOULEUR

Qui saura, qui saura les douleurs de la mère ?
Ce reniement sans fin dont chaque aurore amère
Rouvre la cicatrice en ôtant le bandeau ?

PIETA

Qui dira les longs jours, attente du tombeau?
L'horreur de ses pensées qui sont toutes rebelles,
Et la révolte du cœur que chaque heure renouvelle?
Cet infini désert aux sables de moments
Que soulève le vent de l'éternel tourment,
Et la question : *Pourquoi Lui et non un autre?*
Et la dalle répond qui ferme le sépulcre,
Qui tombe avec le ciel du soir sur nos épaules :
Pour que mon désespoir de femme fût sans bornes.

AMYS

Mère désespérée, il est sur tes genoux :
Si beau, si bon, si pur qu'il l'était trop pour nous.
Il nous a donc quittés : car de ceux qui demeurent,
Pas un ne vaut jamais les beaux êtres qui meurent.
La vie est un puits sourd où se mire le deuil ;
Ce monde est un serpent sans yeux qui se dévore.

MARIE DOUCEUR

S'IL est vrai que je vis, Bien-Aimé, je t'implore :
Je ne parle qu'à toi, car je n'ai que toi seul.
Mon silence t'appelle : O, cache en ton linceul
L'humiliation de celle qui adore.
Bien-Aimé, mon seul dieu, toi seul, ô doux gisant,
As peut-être un regard pour mon amour en cendres ;
Moi qui tant désirai tout donner et tout prendre,
Moi qui ai tant gardé le silence à t'attendre,
Mon âme est descellée pour jamais à présent :
Tu es mort, et je suis plus vide et plus nue que la tombe ;

ET MÊME DANS L'AMOVR, LA MORT, PARTOVT LA MORT.

Rien ne me reste du bonheur, pas même une ombre ;
Car je n'ai même pas un souvenir désespéré.
Je ne devais goûter que la glace de tes lèvres ;
De ton cœur je n'aurai cueilli que les violettes funèbres.
O Bien-Aimé que j'ai tant et tant désiré !

AMYS

Jeune fille, toi qui pleures comme une lyre,
Que nous révèles-tu qui ressemble au délire ?
Ce cri de passion n'est pas un cri de sœur.

MARIE DOUCEUR

JE suis la passion, je suis Marie Douceur,
  Tout le déchirement de l'amour inconnu,
Le silence qui meurt, la tendresse déçue,
L'inutile baiser, celle à qui tout est pris.
O sang, pourquoi as-tu fini de couler, sang chéri ?
Flot vivant du Bien-Aimé, coule, je te supplie,
O ma source, je veux te boire jusqu'à la lie.
Êtes-vous donc taries, larmes de la torture ?
Souffre, mon amour, plains-toi, pourvu que ton mal dure !
Sois déchiré, mais reste-moi ; ne sois plus qu'un cri,
Mais que je l'entende encore, et qu'il soit recueilli
Aux lèvres de ton tourment par mes lèvres aimantes !
J'eusse été le baume et l'huile au mal qui te tourmente :
En lambeaux je t'aurais sauvé, je t'aurais guéri.
Hélas, tu n'es même plus la plaie ni la blessure,
Et ton calme indifférent ignore la nature.
J'ai tant rêvé de toi ! Tous les rêves sont vains.

Je te touche, et tes mains sont de pierre en mes mains,
Tes chères mains de don, tes mains pleines, si pures.
Folie, tous mes sanglots, folie de mes murmures !
Je n'avais que toi seul et tu n'aimais que Dieu.
Hélas, adieu.

Elle tombe à la renverse et reste inanimée.

AMYS

Tombe, Marie Douceur, demeure évanouie.
Ne reprends pas tes sens : dors plutôt, rêve, oublie :
Vaut-il pas mieux pour toi, Douceur, que tu sois morte.

MARIE DOULEUR

Elle a vingt ans, elle : si elle ne meurt aujourd'hui,
  La jeune fille, l'ardent soleil de femme à son aurore,
Elle ne mourra pas, elle pourra sourire encore.
Mais moi, je n'ai plus à mourir : j'ai la mort.
Je n'ai plus peur de rien : vienne la nuit pour me rendre
  à moi-même.
Je ne veux plus parler. Je ne veux plus penser : je ne suis
  qu'un blasphème.
Je suis l'enveloppe du cadavre de ce que j'aime.
Rose d'enfance à la tige désespérée où le poids de la nuit
Avait déjà, quand tu es né, suspendu la sécheresse de son
  fruit,
Adieu, ma désolation, adieu, souffle aimé de la vie qui
  déserte ma bouche.

L'égarement suprême est un vol d'oiseaux noirs au fond
    de moi ; je te touche,
Mon fils, je te touche et je frémis : ma main reconnaît
    chaque place ;
Et c'est partout l'horreur croissante de la glace.
Est-ce donc un si long rêve que l'agonie ?
Toutes les chauves-souris se croisent dans mon âme et
    filent ma trame sous la voûte :
Lasse à jamais, je vais pourtant veiller dans une éternelle
    insomnie.
Et c'est partout les funestes ténèbres du cercueil.
Ton sépulcre est le mien et j'ai passé le seuil.
Tu m'as prise en tes bras et c'est moi qui te porte ;
Tout le deuil de la vie sur nous pousse la porte.
Un dieu, un dieu pour tous, tu l'étais cependant :
Rien pour moi que mon fils, mon petit, mon enfant.
Ton berceau maintenant est mon lit d'agonie :
J'étais la femme, hier : je suis la mère, la victime infinie.

AMYS

Qu'est-ce qu'une femme ? un puits de larmes et de
    déceptions ;
Et dans l'ombre des ans, les trahisons font la margelle ;
Au fond, une seule étoile veille pour elle,
Le fils, le doux homme qui ne dit jamais non,
Celui de qui la chère tyrannie obéit elle-même ;
Et s'il lui est ravi, vivre n'a plus de nom.
Le jour est donc venu où la mère est toute la femme,
Et la femme n'est plus qu'un abîme de pleurs.

PIETA

MARIE DOULEUR

O silence, prends-moi ! O monde, cesse d'être !
Dormir, ne point rêver, surtout ne pas renaître.
Sois muette à jamais, vie, chaos de douleurs,
Dans l'oubli tutélaire et le sommeil béant
La paix est mon seul vœu, j'aspire au seul néant :
Ne plus rien voir, ne plus savoir, ne rien connaître.
O silence, prends-moi ! O monde, cesse d'être !

TOVT FVIT, LA VIE AVEC LE TEMPS,
LE RÊVE AVEC LE GESTE : RIEN
N'EST JAMAIS QVE L'OMBRE D'VN
REFLET : MAIS LE SOLEIL DE LA LYRE
ME RESTE.

JE NE ME LASSE PAS

JE NE ME LASSE PAS

Je ne me lasse pas de voir,
Je ne me rassasie pas de regarder :
Mourir, c'est ne plus voir, mourir, ne plus mirer
Le divin mouvement de tout ce qui passe,
Qu'on possède des yeux sans besoin de l'avoir,
Qui implore le temps et qui voudrait durer.

Je ne me mets pas, je suis mis au centre du monde
Et banni de moi-même par cette amour profonde
Qui de chaque regard fait un amant passionné.

A force de voir, je veux entendre ;
Je veux être à force de voir.
O mort, n'obscurcis pas cette prunelle tendre !

La sérénité est une vue parfaite qui s'incline.
Assis sur la colline et le ciel dans les yeux,
Je contemple ce qui passe et j'y prends racine.

Rien n'est plus éphémère pour le regard amoureux ;
Pour l'œil qui fait l'orbe et l'horizon des choses,
Comme un cœur aux vaisseaux de la lumière,
Rien ne fuit, rien ne meurt et rien ne passe plus.

Mais la place où je me tiens sur la terre,
Deux pieds carrés dans un coin de la plaine infinie,
Suffit à me rendre maître de l'univers.
La coupe de cet œil boit toute vie.

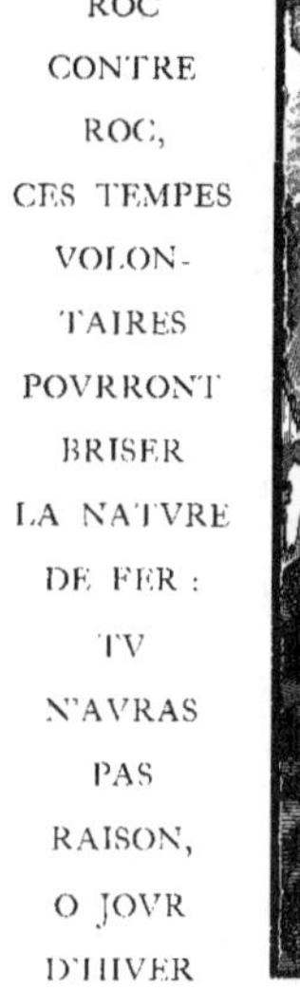 ROC
CONTRE
ROC,
CES TEMPES
VOLON-
TAIRES
POVRRONT
BRISER
LA NATVRE
DE FER :
TV
N'AVRAS
PAS
RAISON,
O JOVR
D'HIVER

 DE MES
GRANDS YEVX
OVVERTS,
C'EST
EN VAIN
QVE JE SVIS
SOLITAIRE
PLVS
QVE LE
ROVGE-GORGE
DÉSERTÉ
DE
SES AMIS
BVCHERONS :
TOVT
L'VNIVERS,

ATLAS LE FORGE, LE PORTE SVR SA TÊTE ET LE HEVRTE DV FRONT.

POÈME DU TEMPS QUI MEURT

Je sens pousser l'herbe et monter la montagne.
Toutes les mers et tous les océans dans une goutte de
    rosée,
Et le soleil dans la pensée, dans la pensée
D'amour où trempe ma vision et où je baigne.

KRONOS
DESMOTÈS

Extase dévorante, ô concert taciturne
    Des nombres infinis dans l'unité néant,
Il faut l'archet du feu sur la corde océan
Pour donner une voix au ciel qu'épanche l'urne.

Tous promis au festin de l'éternel Saturne,
Un seul est plus léger que l'abîme béant,
Celui qui porte le soleil dans le péan
Dont il fait retentir l'immensité nocturne.

Char retourné sur les tonnants essieux, flambeau
Qui se brûlant lui-même embrase le tombeau
Où la mortelle loi prétend enclore l'âme,

C'est toi, mourant divin, le sublime fronton
Qui survis au désastre, esprit, en traits de flamme,
Incendie, ô seul qui vaincs le temps, Phaéton !

POÈME DU TEMPS QUI MENT

POÈME DU TEMPS QUI MENT

L'IGNORES-TU, Andromède, que jamais on ne se
délivre ?
Regarde tout passer : c'est toi qui passes, hélas.
Que te sert de tuer le monstre aux écailles de glace ?
A son souffle de feu lui-même il se ranime :
Les cieux sont les printemps et les pommiers en fleurs
qu'il pousse sous le givre
Des instants, et sous le sablier infini des heures,
Toujours il ressuscite.
Tu n'égorgeras pas ce geôlier morne à l'œil sévère ;
Tu ne peux le laisser que pour l'autre linceul ;
Tu le hais et ne vis pourtant qu'entre ses bras :
Nul ne peut venir à bout de lui que lui seul ;
Il est moins le gardien que la prison fatale, l'espace où
l'âme espère :
O ma beauté, toi qui attends sans cesse la chimère,
Sans lui que ferais-tu ?
Que ferais-tu sans lui, ardeur qui voles, toi qui n'es qu'un
élan ?
Il te faut le gorger des chants que chante la sirène ;
Il te faut l'endormir dans l'ineffable oubli
Que berce à l'infini l'amour, le plus beau des poèmes :
Il n'est qu'un rêve d'or pour nous soustraire enfin à ce
rêve sanglant ;
Il n'est qu'un sentiment pour nous ravir au sentiment,
Andromède, Andromède !

Flatte le monstre, ô ma Beauté : tu ne peux fuir que dans
le rêve.

Il te suivra, même si tu montes Pégase :
Il saute en croupe, il est la crinière et l'éternel em-
brun volant
Du héros qui porte le soleil en pétase.
Le Temps qui meurt, le Temps qui fut, le Temps qui
vient, ô fantôme divin
Qui trompe et qui ravit chaque instant à lui-même
Et chaque battement du cœur, chaque éclair de la pensée,
chaque espoir qu'il achève !

O misère du riche, ô misère du Temps,
Plus il est, plus il ment ; plus il ment, plus l'on meurt.
Andromède, demeure ; ne pars pas, Andromède !
Car si tu prends l'essor dans les bras de Persée,
Croyant voler au-dessus de la mer, si tu ris enfin
Et délires de joie, si tu parcours le ciel,
Si tu te prends pour la lumière ou la pensée,
Il te semble que la vie s'égale à ta soif et l'amour à ta
faim,
Tu te sens éternelle, tu te sais Destinée :

.   .   .   .

Et déjà c'est la fin.

VIOLONS

VIOLONS

★

Larghetto
un peu lent.

C'ÉTAIT l'heure du soir qui prélude à la nuit,
Celle qui dit adieu, chantant d'une voix sainte
Nunc dimittis à ce grand mort, un jour qui fuit.

De la lumière en pleurs l'adorable complainte,
En sourdine et rêvant, tenait le tendre accord
Qui retarde l'adieu dans l'amoureuse plainte.

Sous la rose du ciel qui fleurissait encor,
J'ai vu venir vers moi les trois formes hideuses,
La vieillesse, le mal et leur mère la mort.

La mort portait la paix entre ses mains menteuses ;
Les autres, la douleur sous son masque empesté ;
Et j'ai frémi de voir les noires visiteuses.

Que font-elles ici dans la sérénité
De la calme prairie à l'extase naïve
Où tout est pur sourire et tendre majesté ?

O fruit mûr, je te cueille en touchant à la rive
Du feu dont j'ai rêvé l'éternelle douceur ;
Je brûle et me sens fondre ici d'amour pensive,

Comme si recevant le baiser du Sauveur
Dans le sein du sépulcre et des molles ténèbres,
Mon ardente pensée eût retrouvé sa sœur

Et chassé pour jamais les présences funèbres.

Adagio molto,
très lent,
puis plus vite.

L E ciel alors prit une voix ;
   Et l'adorable fleur de l'espace éleva
La mélodie d'une tendresse et d'une suavité unanimes.
Certes, elle était du même bleu naissant
Qu'un cher aveu disant : « Ne m'oubliez pas »,
Avec le sourire ravi de qui pense et se dit :
« Je sais bien qu'il ne sera jamais possible que votre
   amour m'oublie. »
On se sent fondre alors en oraison exquise,
On touche une douceur éternelle plus vive
Que tisons du désir et que lèvres de feu.
Ces doux chanteurs restaient inconnus à mes yeux ;
Ils passaient dans le champ de mon âme
Comme des reflets dorés sur une longue eau bleue ;
Ils étaient lumineux et n'étaient pas visibles ;
Et peut-être leur voix n'était-elle qu'en moi,
Leur ravissante voix de vermeil et de viole.
Ces doux êtres chantaient au zénith et aux piliers de la
   coupole :

VIOLONS

> *O pater, pater ineffabilis!*
> *O cor amoris, benedicta mors*
> *In amore universæ mortis,*
> *Oscula osculorum in osculis,*
> *O tu pater, omnimisericors,*
> *Quia tu solus enim potes omnia*
> *Amor, amor et amor amoris,*
> > *Alleluia.*

Dans la prairie, entre les tulipes et les anémones,
Sans qu'une seule fût foulée ni se brisât,
Les panthères d'orpel et les léopards noirs,
Tous les beaux chats du paradis qui font ron ron,
Allant et venant, jouaient, se caressant du flanc,
Frottant leurs joues les uns aux joues des autres,
Et croisant à plaisir les navettes de velours de leurs pattes ;
Et bien loin, là-bas où l'horizon est une verte feuille plate,
Le long du lac, des poulains alezans dansaient comme
    des almées aux cheveux couleur d'avoine.

Alors parurent et vinrent à moi les jeunes filles :
Que dirai-je d'elles, puisqu'elles ont pris ma vie,
Qu'elle est l'oiseau captif aux filets de leur voix,
Et reste suspendue aux riantes faucilles
De leur appel, de leurs regards, de leur sourire et de leurs
    doigts ?

ELLES m'approchent ; elles me tiennent, elles sont deux ;
    Elles m'ont dépouillé, et c'est de tout moi-même ;

CRINIÈRE,
LYRE
DE L'HOMME
ET
DV LION,
ARC-EN-CIEL
DV NOMBRE,
LA ROBE
DE MAYA,
LA BVRE
DÉCHIRÉE
PAR NOS
HIMALAYAS
DE
MISÈRE
ÉTHÉRÉE,

LE LYS
DV CHANT
EST NÉ
DE
CETTE
DVRE
PROSE :
TOVTE
DOVLEVR
EST JOIE
OV
LA MVSIQVE
ENFIN
AV CŒVR
DES
VIOLONS

FAIT REFLEVRIR LA ROSE DE L'AMOVREVSE ILLVSION.

Elles me parent, sais-je si c'est d'elles ou de quelles
    corolles,
Sais-je de quels rayons et de quelles paroles?
Elles me font manger aux jasmins de leurs mains
Un raisin pareil au pampre de leurs tuniques vermeilles;
Elles me baisent aux yeux et leurs lèvres de fraise
    touchent mes lèvres;
Et me disant leur nom, comme les tourterelles :
« Je suis, dit l'une, Félissende, par qui tourne en ivresse
    d'amour toute fièvre »;
« Et moi, Yzel Délice, qui trempe aux pleurs de joie
    toute mélancolie. »

Le ciel est une feuille de rose entre deux lèvres de lilas.
O joie de ne plus être où l'on n'est qu'en passant!
Paix sereine, ô joie d'être là !

L'âme est l'amoureuse insatiable, éternelle;
A son propre désir elle se renouvelle;
Toujours prête à renaître, elle jaillit de sa mort même,
Elle renaît si tôt qu'il lui semble mourir
De peine, de bonheur, qu'importe, ou même
Succomber à l'excès de son divin plaisir.

O mes Douces, ô mes Belles si belles,
    Vous Félissende, et vous Délice,
Que ferais-je, si vraiment je succombe à mon amour
    pour vous?
Que ferez-vous de moi, dites, s'il faut que je descende

De ces tendres sommets où je tiens vos genoux ?
Si je meurs de tendresse et de parfaite joie,
Ressuscitez-moi, chanterelles, ressuscitez-moi,
Je vous en prie, à mon adorable supplice,
Vous, rosée de feu, ô Félissende,
Et vous, fraise des pleurs, Yzel Délice.

Comme on caresse un enfant dans les fleurs tièdes du
    sommeil, elles me prirent :
Et il dort aussitôt en paradis,
Au giron de la corolle,
Dans la nef du plus calme repos,
Que les tendres regards lui tissent,
Ce berceau qui porte la voilure des chansons maternelles,
La plus douce des brises pour voguer vers la lune,
La plus suave et la plus sûre.
Ou bien étais-je entre leurs mains soyeuses,
Leurs si légères mains de rose et d'eau,
Le Bien-Aimé qui a fermé les yeux,
Qu'on dispose en le baisant pour la couche nuptiale,
Souriant à l'amour par delà le tombeau ?
Yzel Délice, quelle bonté de baume répandent vos
    lèvres lustrales,
Et vous, Félissende, les lilas de vos paupières pieuses ?
Chantez, je vous supplie, sur le Silencieux :
Entre vous prenez-le, pour le divin voyage.
Que voulez-vous qu'il soit, où voulez-vous qu'il aille,
S'il ne cherche les cieux
De votre front tranquille et la clarté de vos visages ?

★

Elles chantent, toujours plus près, les deux déli-
    cieuses ; .
J'étais un violon étendu sur leurs bras ;
Leurs lèvres et leurs yeux tiraient l'archet au ras
De ma gorge tantôt et tantôt de ma bouche amoureuse.
« Tu verras, murmuraient-elles, tu verras et sauras :
« Attends encore un peu : tu vas naître à l'amour et
    bientôt tu seras :
« Tu vas passer la porte des merveilles. »

Elles me mordillaient le cœur, doucement, doucement,
Comme en jouant les folles petites filles,
La flamme des cheveux au vent, mordillent
D'une dent de velours les grappes de groseilles.

Archets du feu, Félissende et Délice,
Elles étaient sur la corde ardente de ma vie
Le rayon de midi sur le pollen des lis
Et me buvaient le sein, ah ! si suavement,
Que jamais volupté n'égala le don de ce calice
Qui déborde et s'épand,
De ce calice cœur, de ce calice amant.

À mesure que tout mon sang passait en elles,
    Le leur, je le sentais en moi couler comme le miel,
Tel un miel de tisons, de roses et de fraises.

O bonheur, cœur à cœur, roucoulement des tourterelles,
Les tourterelles de la braise
Qui ne cessent jamais de se nourrir,
Bec à bec des âmes pour s'aimer et mourir.
Intarissable flot de la source qui ne saurait tarir,
Plus il coule, ce sang, plus il se renouvelle,
Plus il est frais, pourpre et jeune à courir.

Le printemps éternel s'est fait chair dans ma vie
Par la vertu de cet amour qui, seul, est délivrance ;
Et depuis qu'il a bu à cette fontaine vernale,
Lui-même, mon esprit, n'est plus qu'une onde libre,
Sûre de ne jamais périr,
Une bénédiction qui ne craint plus la mort et sa hideuse
    envie :
Mon âme est légère à l'égal de la lumière.

JE suis défait de moi pour la première fois ;
   Je ne redoute plus la paix ni le sommeil.
Je désire à la fin tout ce qui fut jusqu'ici mon effroi,
O douceur ineffable, moment des moments, pareil
Au doux revoir après une attente infinie.
Et même si je meurs, voici que je demeure.

Mais avec vous gardez-moi bien, mes tendres Belles,
Entre vos mains et vos genoux,
Avec vos yeux en fleurs, penchés par le sourire sur mes
    lèvres.

QUE vos archets ne cessent pas de caresser mon cœur,
    mon cœur d'amant
Qui ne reverra plus la terre,
Et d'en charmer languissamment
Le flot perpétuel qui aime,
Et de le boire ainsi,
Et de me le ravir,
Et moi-même à moi-même.

EROS, ILE DE FEV, LA FLAMME EST VOTRE TOMBE :
MAITRE DV TEMPS QVI MEVRT,
TV PRENDS TON VOL DIVIN SVR L'ABIME EN RVMEVR
A L'HEVRE OV TV SVCCOMBES.

CALME, CALME, O MON AME,
D'ÉTERNITÉ PRESSÉE :
NVL EXCÈS QVE D'AMOVR
ET QVE L'VNIQVE PALME
DE LVMIÈRE ENCENSEE
DANS LE SANG PVR DRESSÉE
SOIT POVR LA SEVLE FLAMME
DE LA PENSÉE.

AMOVR, O SEVLE ÉTERNITÉ.

ADIEV ROYAVMES, RÊVE ADIEV,

SVBLIME ESPACE

QVE J'AI PEVPLÉ

POVR LE VENT NOIR QVI TOVT EFFACE :

JE DONNE MON AME A QVI M'EN FIT DON.

JE NE ME FAIS PAS GRACE :

BEAVTÉ

SOIS MON EXCVSE

ET MON

PARDON.

TABLES

TABLE DU POÈME

TABLE DES DESSINS

CETTE ÉDITION A ÉTÉ ACHEVÉE
D'IMPRIMER, EN CARACTÈRES
ELZÉVIR CORPS XII, LE XXX NOVEMBRE
MCMXXVIII, SUR LES PRESSES DU MAITRE
IMPRIMEUR R. COULOUMA, D'ARGEN-
TEUIL, H. BARTHÉLEMY ÉTANT DIREC-
TEUR. OUTRE LES 250 EXEMPLAIRES
MIS DANS LE COMMERCE, IL A ÉTÉ TIRÉ
XXXI EXEMPLAIRES, DONT VI SUR PA-
PIER DU JAPON ET XXV SUR VÉLIN DU
MARAIS, NUMÉROTÉS DE I A XXXI, POUR
LES AMIS D'ANDRÉ SUARÈS, D'ANTOINE
BOURDELLE, DE J.-L. PERRICHON ET
DE L'ÉDITEUR.